同時代史叢書

「国民所得倍増計画」を読み解く

武田晴人

日本経済評論社

目　　次

はじめに——高成長の時代　1

1. 所得倍増計画の立案 …………………………………… 10

岸内閣の閣議決定　10

池田勇人入閣の「呼び水」　11

池田の「月給二倍論」　12

福田赳夫の「10ヵ年計画」構想　14

岸内閣の計画立案作業　16

自民党主導の計画立案　18

自民党構想への批判　20

仕切り直し——経済審議会の本格審議　21

蚊帳の外に置かれていた下村治　26

経済審議会策定作業　29

経済審議会構想の修正　30

答申案の決定と政治レベルの再修正　33

2. 所得倍増計画の概要 …………………………………… 35

答申の前文　35

「別紙　国民所得倍増計画の構想」　37

「国民所得倍増計画」の概要(1)——第1部総説　44

「国民所得倍増計画」の概要(2)——第2部政府公共部門　52

「国民所得倍増計画」の概要(3)——第3部および第4部（民間部門と国民生活）　56

3．計画の達成度 …………………………………………………… 60

計画と実績――超過達成の現実　60

国民所得倍増計画のアフターケア　62

総合政策研究会の提言　64

国民所得倍増計画の中間検討報告　68

4．成長政策のもたらしたもの …………………………………… 77

「経済の季節」への転換　77

政治言語としての「経済成長」　84

政策の正当性を保証するツールとしての「計画」　89

軽視された社会保障、見過ごされた公害問題　92

「経済成長」の現在　97

資料篇　国民所得倍増計画（閣議決定本文）

国民所得倍増計画

国民所得倍増計画に関する件（昭和35年12月27日決定）　108

国民所得倍増計画の構想　109

第1部　総　説 …………………………………………………… 112

　第1章　計画作成の基本態度　112

　第2章　計画の課題　117

　第3章　目標年次における経済規模と構造　121

第2部　政府公共部門の計画 …………………………………… 135

　第1章　計画における政府の役割　135

　第2章　社会資本の充足　137

第3章　人的能力の向上と科学技術の振興　155
　　第4章　社会保障の充実と社会福祉の向上　161
　　第5章　財政金融の適正な運営　165
第3部　民間部門の予測と誘導政策……………………………………171
　　第1章　民間部門の地位　171
　　第2章　貿易および経済協力の促進　173
　　第3章　産業構造の高度化と二重構造の緩和　183
第4部　国民生活の将来……………………………………………………202
　　第1章　雇用の近代化　202
　　第2章　消費水準の上昇と高度化　205
　　第3章　国民生活の将来　207

〔付　録〕

　1．内閣総理大臣から経済審議会会長への諮問　212
　2．経済審議会会長から内閣総理大臣への答申　213
　3．「閣議決定」と「答申」との相違一覧表　215
　4．委員・専門委員名簿　219
　　　国民所得倍増計画各部会委員名簿　219
　　　〈参考〉
　　　　経済自立5ヶ年計画各部会委員名簿　225
　　　　新長期経済計画各部会委員名簿　231

あとがき　239

はじめに――高成長の時代

　第二次世界大戦後の日本経済に「高成長」を遂げた時期があったことは、もはや歴史の物語になりつつある。そして、その時代を象徴するもののひとつが「国民所得倍増計画」であり、これも歴史的な分析の対象となっている。

　ここでは、その所得倍増計画の内容に即して、計画が立案された過程、計画構想の概要、そして計画の帰結を中心に解説し、それを通して「所得倍増計画の時代」のアウトラインを描いてみたいと考えている。

　具体的な内容に入る前に、時代の状況をあらかじめ振り返っておくことにしよう。政府が中長期の経済計画を策定して政策運営の指針とすることが定型化したのは、1954年に成立した鳩山一郎内閣の経済自立５ヶ年計画からであった。翌年の保守合同を背景に政権基盤を固めようとしていた鳩山内閣は、日ソ国交回復などのサンフランシスコ講和条約では未解決となっていた国際社会への完全な復帰を目指すとともに、西欧型の福祉国家の中核的な理念となっていた完全雇用の実現を目指した。経済計画の策定が始められた55年は「数量景気」とよばれたように、戦後の日本経済の展開過程のなかでは、インフレを伴わない経済拡大であったことから経済自立への道筋が見え始めたと考えられるようになり、歴史的に見れば高度経済成長の起点となる年でもあった。

　しかし、1956年版の『経済白書』が「もはや戦後ではない」というフレーズを用いて警告したように、その後の経済発展について楽観ムードが支配していたわけではなかった。翌年度の『経済白書』が経済の二重構造を指摘し、日本経済の後進性を問題にしたように、

先進工業国へ追いつくための道のりは険しいものであった。「もはや戦後ではない」というフレーズも、「今や経済の回復による浮揚力はほぼ使い尽くされた。なるほど、貧乏な日本のこと故、世界の他の国々にくらべれば、消費や投資の潜在需要はまだ高いかもしれないが、戦後の一時期にくらべれば、その欲望の熾烈さは明らかに減少した。もはや戦後ではない。われわれはいまや異なった事態に当面しようとしている。回復を通じての成長は終った。今後の成長は近代化によって支えられる」と書かれていた。すなわち、戦後10年を経て復興という原動力で経済規模が拡大する可能性はもはやなくなっており、そうした復元力に依存せずに一層の経済発展を図るためには、近代化や合理化に向けた努力を重ねることが不可欠だと、厳しい見通しを持っていた。

このような認識が支配的なときに「完全雇用」という目標を設定することは、冷戦体制のもとで国内的には社会党などの革新勢力に対抗する上で必要な政治的な選択であったとしても、経済的にみて実現可能かという面では議論をよぶものであった。代表的な批判の一つは、当時の通産省が近代化・合理化に伴う人員整理が不可避であるために、計画で期待されている第二次産業の発展には十分な雇用吸収力はない、と主張して経済自立5ヶ年計画の目標に完全雇用の実現を掲げることに反対した。結果的には、この計画案は、合理化を重視する産業界や政策官庁の意見と、雇用を重視する内閣の意向を反映して両論を併記した「曖昧さ」を残したまま1955年12月に正式決定された。

重要なことは、この経済自立5ヶ年計画では、「完全雇用」という内閣の設定した計画目標を達成するために、一方で合理化を進めて生産の単位当たりの雇用を減らしながら、これによって過剰化する労働力を吸収できるくらい生産の拡大を見込むという成長志向の

強い経済を構想したことであった。つまり、失業者が出るよりも早く経済が成長するというシナリオが描かれたのである。この高い成長志向が、後続する政府の経済計画でも共通する特徴となった。経済計画における高成長志向は、このように政治的な妥協として生じた。それは日本経済の実態についての冷徹な分析によって導き出されたものではなかった。

このような状況が生じた背後には、経済政策の立案者にも経済学者のなかでも経済成長という概念が必ずしも共有されていなかったという現実があった[1]。詳しくは後述するが、星野進保によると経済自立5ヶ年計画を検討していた経済審議会の議事録では、しばしば「経済発展率」という表現で、経済発展・成長の予測が論じられており、経済成長率という表現は見出すことが難しかった[2]。「経済成長」という観念は、この時代に誕生した。

難航した経済自立5ヶ年計画の内容は、表1のようなものであった。

この計画は、当時の経済状況から見るとかなりの無理を通したというべきものであった。その点を端的に表しているのが、表示された計画目標のなかで、海外余剰が大幅に減少することが想定され、国際収支は3.4億ドルの黒字が消滅すると考えられていたことであった。輸出拡大は経済発展の必要条件であったが、増加する外貨収入は原材料輸入によってすべて使い尽くすことを想定することでようやく、目標とする高い国内生産が達成されるというものだったのである。輸出大国、黒字大国は想定外だった。

この計画を起点として、表2のように歴代内閣はそれぞれ独自の経済計画を策定することになる。特徴的なことは、1970年まで計画成長率は次第に大きく想定されるようになったが、それは実績が常に計画を上回ったことに由来している。50年代半ば以降、高い成長

表1　経済自立5ヶ年計画の概要

項目	単位	1954年度	1960年度	増加率　%
就業者数	1000人	3,983	4,486	112.6
1人当たり生産性	円	182	216	118.6
国民総生産	億円	72,410	96,730	133.6
国民所得	億円	60,340	80,880	134.0
個人消費	億円	46,150	60,140	130.3
民間総資本形成	億円	11,100	17,410	156.8
政府購入	億円	13,850	18,960	136.9
海外余剰	億円	1,310	220	16.8
国民総支出	億円	72,410	96,730	133.6
国際収支	100万ドル			
受取	輸出	1,602	2,660	166.0
	貿易外	764	304	39.8
支払	輸入	1,692	2,590	153.1
	貿易外	331	374	113.0
バランス		344	0	

出典：安藤良雄編『近代日本経済史要覧　第2版』東京大学出版会、1979年、155頁。

が続く時代が出現していたが、それでも近代化・合理化の課題が大きく、後進国日本の実力ではそれほど高い成長は見込めないという後進国意識が計画策定の基礎にある認識だったことをうかがわせるものであった。計画の目的は、経済自立5ヶ年計画から新長期経済計画の間で「経済自立」から「極大成長」に変化し、所得倍増計画でも維持された。この間に完全雇用という目的も維持された。そして、所得倍増計画の後に策定された計画ではこの目的が消え、佐藤内閣期から物価の安定などが繰り返し主要な課題となった。その意味では新長期経済計画と所得倍増計画の類似性が大きい。それは策定の経緯にも由来しているが、その点については両者の共通点とともに差異について詳しくは後述する。

　国民所得倍増計画は、計画期間が10年という点で他の計画とは大

表2　戦後日本の経済計画

計画の名称	策定年月	策定内閣	計画期間（年度）	経済成長率 計画	経済成長率 実績	計画の目的
経済自立5ヶ年計画	1955.12	鳩山	1955～60	5.0%	8.8%	経済自立、完全雇用（設備の近代化、貿易の振興、自給度の向上、消費の節約）
新長期経済計画	1957.12	岸	1958～62	6.5%	9.7%	極大成長、生活水準向上、完全雇用（産業基盤の強化、重化学工業化、輸出拡大、貯蓄の増強）
国民所得倍増計画	1960.12	池田	1961～70	7.2%	10.0%	極大成長、生活水準向上、完全雇用（社会資本の充実、産業構造の高度化、貿易と国際経済協力の推進、人的能力の向上と科学技術の振興、二重構造の緩和と社会的安定）
中期経済計画	1965.01	佐藤	1964～68	8.1%	10.1%	ひずみの是正（低生産性部門の近代化、労働力の活用、国民生活の質的向上）
経済社会発展計画	1967.03	佐藤	1967～71	8.2%	9.8%	均衡がとれ充実した経済社会の発展（物価の安定、経済の効率化、社会発展の推進）
新経済社会発展計画	1970.05	佐藤	1970～75	10.6%	5.1%	均衡がとれた経済発展の基盤確立、充実した経済力にふさわしい国民生活実現のための社会的基盤の整備（国際的視点に立つ経済の効率化、物価の安定、社会開発の推進、適正な経済成長の維持と発展基盤の培養）
経済社会基本計画	1973.02	田中	1973～77	9.4%	3.5%	国民福祉の充実と国際協調の推進の同時達成（豊かな環境の創造、ゆとりある安定した生活の確保、物価の安定、国際協調の推進）

| 昭和50年代前期経済計画 | 1976.05 | 三木 | 1976〜80 | 約6％強 | 4.5% | 国際経済社会との調和を保った経済の安定的発展と充実した国民生活の実現（物価の安定と完全雇用の確保、安定した生活の確保と住みよい環境の形成、世界経済発展の協調と貢献、経済的安全の確保と長期発展基盤の培養） |

出典：前掲『近代日本経済史要覧』161頁より。ただし、成長率の実績については三和良一・原朗『近現代日本経済史要覧』東京大学出版会、2007年、155頁により修正。

きく異なっていたが、その歴史的位置を確認するために、1955年から64年まで10年間の経済政策の展開についても見ておく必要がある。この間の主要な出来事は、表3にあるように政治的に55年の保守合同による「55年体制の成立」、翌年の日ソ国交回復、60年の新安全保障条約の調印・承認であった。経済政策でみると、56年の機械工業振興法、57年の電子工業振興法などがあり、表示以外でも同じ時期に石油化学育成が着手されるなどの産業政策が展開している。しかし、この産業政策が目立つのは50年代後半であり、60年代にはいると、農業基本法、新産業都市建設、中小企業基本法など、農と工、中央と地方、大企業と中小企業というような格差の問題を捉えた基本政策が並ぶことになった。言い換えると、所得倍増計画が池田内閣の基本施策として採用される前に、産業の育成などにかかわる政策はおおよそメニューが出され、急激な産業成長に向けての政策的な枠組みが整備されていた。所得倍増計画が決定をみた後の池田内閣期になると、そうした産業成長を直接的に促すような施策よりは、経済成長のなかで立ち後れが危惧された農業、地方、中小企業などの広い意味での二重構造、あるいは経済格差の問題に対処する施策が整備されていたのである。このような変化が生じたことは、鳩山

はじめに——高成長の時代　　　　　　　　　　　　　7

表3　1955～64年の主要な出来事

55. 1.—　春闘方式はじまる	60. 1.19　日米安全保障条約調印
7.20　経済審議庁、経済企画庁へ改組	4.30　ソニー、トランジスタテレビ発売
11.—　**保守合同**	5.19　経済審議会、所得倍増計画基本方針決定
12.19　原子力基本法公布	6.19　新安保条約自然承認
12.23　経済自立5ヶ年計画	6.24　閣僚会議、貿易為替自由化計画決定
56. 6.11　工業用水法公布	12.27　政府、**国民所得倍増計画決定**
6.15　機械工業振興臨時措置法公布	61. 6.12　農業基本法公布
10.19　**日ソ国交回復**交渉妥結	7. 5　全国総合開発計画
12.18　国連総会、日本の加盟を承認	62. 5.10　新産業都市建設促進法公布
57. 1. 7　電力制限全国化	5.11　石油業法公布
1.25　熊本大学医学部、水俣病の原因は新日本窒素の排水に原因と発表	6. 2　煤煙排出規制法公布
5. 2　輸出検査法公布	63. 3.22　政府、特定産業振興臨時措置法案決定
6.11　電子工業振興臨時措置法公布	7.20　中小企業基本法公布
6.14　第一次防衛力整備3カ年計画	64. 4. 1　IMF8条国移行
10. 4　政府、独占禁止法審議会設置	4.28　OECD加盟
11.25　新長期経済計画	7. 3　工業整備特別地域整備促進法公布
58. 4.24　繊維工業設備廃棄、過剰織機対策決定	8. 2　ベトナム戦争
59. 3.13　大蔵省、貿易為替自由化方針決定	10.10　東京オリンピック開催
9.26　伊勢湾台風来襲	
12.11　三井鉱山、指名解雇通告、三池争議始まる、60年9月妥結	

内閣から岸内閣にかけての時期に、完全雇用を目的に高成長を志向するなかで、それに伴う問題の把握や、成長の実現のために克服すべき課題が次第に明確化していったことを反映している。所得倍増計画はこのような変化の画期となる政府経済計画であった。ここにも所得倍増計画と先行する新長期経済計画との不連続性を見出すことができる。

　それではこのような歴史的な位置づけを与えることのできる国民

所得倍増計画はどのようなものであったろうか。この計画は、政府の経済政策構想としては、「成功」したものと評価されるのが通例であるが、「計画」であるが故に「成功」したわけではない。それは、「所得倍増」計画という巧みなレトリックによって、民間企業の投資行動の背中を押すとともに、経済諸政策の立案の焦点を明確化し、高成長の実現を目標として、これを前提とした創造的な活動を次々と生み出すことになった。他面で、アジア太平洋戦争に至る過程で日本で立案された生産力拡充計画だけでなく、第二次世界大戦後に独立を達成したアジアの開発途上国が社会主義的な計画経済の手法を取り入れながら立案した5ヶ年計画、たとえばインドのそれなどとも、その「計画」の意味合いが全く異なっており、ましてやそれは社会主義計画経済とは無縁のものであった。

したがって、ここでの焦点は「計画ならざる計画」がなぜ「成功した経済政策構想」として語り継がれているのかという点にある。こうした問題については、すでにいくつかの解説・検討が行われている。その主なものをあらかじめ示しておくと、

① 星野進保『政治としての経済計画』日本経済評論社、2003年（以下、星野［2003、引用頁数］）
② エコノミスト編集部編『高度成長期への証言』日本経済評論社、1999年（同前、エコノミスト編集部［1999］）
③ 明石茂生「解説　新長期経済計画の見直しから国民所得倍増計画の策定まで」総合研究開発機構（NIRA）戦後経済政策資料研究会編『国民所得倍増計画資料』日本経済評論社、2001年（同前、明石［2001］）
④ 上久保敏『下村治　「日本経済学」の実践者』日本経済評論社、2008年（同前、上久保［2008］）

⑤　藤井信幸『池田勇人』ミネルヴァ書房、2012年（同前、藤井［2012］）

⑥　伊藤正直「国民所得倍増計画と財政・金融政策」原朗編『高度成長展開期の日本経済』日本経済評論社、2012年（同前、伊藤［2012］）

などである。ここでの記述は、これらに基本的に依拠し、再構成したものであるが、いうまでもなく解説をとりまとめた責任は筆者にある。

1. 所得倍増計画の立案

岸内閣の閣議決定

　国民所得倍増計画の起源については、いくつかの説明がある。公式には1959年5月に岸信介内閣総理大臣が、「福田〔赳夫〕幹事長、中村〔梅吉〕政調会長に、『今後十年間で国民経済規模を二倍にすることを目標とする。少なくとも前期五年内に国民経済を約四割拡大したい。さらに五年間の財政計画をたて、予算規模、事業内容、減税等の長期見通しをつけてから、明年度の予算編成に入りたい。また国際収支に関する五年計画を持ちたい。とくにこの計画のなかには、東南アジアを中心に、対外経済協力の拡大を織り込んでほしい』という総理の構想をもとに国民所得倍増計画の立案を指示した」ことにある（星野［2003、254頁］）。10年という長期、中間の5年、そして翌年という期間のブレークダウンを通して計画を実際の政策決定、具体的には来年度予算編成の指針とするというところに、計画を策定しようとした岸首相の意図があった。この点についてはまた後でふれよう。

　政府計画としての立案作業は、この構想が閣議決定された後、経済企画庁が担当し、並行して自民党の政調会にも「青木一男氏を会長とする経済調査会が新しく設置され、両者緊密に連繋をとりながら作業を進めることとなった」（同前）。

　このような経緯から、池田勇人内閣の基本政策として知られている所得倍増計画は、岸内閣の政策構想に基づくと指摘するものもある。たとえば伊藤［2012、71頁］は、所得倍増「計画に近い構想は、すでに前年59年には出されていた」として、具体的には自民党七役

会で決定した「国民所得倍増計画」と「経済10ヵ年計画」の取り扱いに関する方針を1959年6月5日の岸内閣が閣議決定していることに注目し、倍増計画の前史としての岸内閣の新長期経済計画の見直し、さらには財政金融政策という視点からは経済自立5ヶ年計画にまでさかのぼって検討する必要性を強調している。計画立案作業の継承性については、その立案の実働部隊となった経済企画庁の考え方に即してみれば重要な論点となる。しかし、所得倍増計画が岸内閣で「構想」していたものに「近い」と捉えるとすれば、それには問題点がある。

池田勇人入閣の「呼び水」

　1959年6月という時期がどのような時期であったかを考えてみよう。この6月5日には参議院議員選挙が行われている。結果は与党自民党が10議席伸ばして非改選と合わせて132議席と過半数を確保した。自民党の「大勝利」と評されているが、それでも党内の岸首相への批判が強く、とくに池田、河野一郎などが安保問題を絡めて岸内閣を揺さぶっていた（藤井［2012、206頁］）。翌年の安保改定を控えて挙党態勢を作りたかった岸首相としては、池田、河野などの入閣の可能性を模索していた。そのことが参議院選挙後の閣議決定に反映しているのではないかと推測される。

　実際に池田は、6月18日に成立した第二次岸内閣の改造内閣に入閣することになる。池田は必ずしも積極的ではなく、周囲も反対していたようであった。他方で河野は、次の政権が自らに譲られることを既定路線にすることを期待しながら、岸派との根回しに動いていた。河野は池田が入閣することはないと判断して、ぎりぎりまで自らの意思を表明することなく、党内におけるその存在感を高めようと画策していた。そうした切迫した情勢の中で、岸首相の使者と

して池田邸を訪れた田中角栄は、「政局の安危は貴方の閣内協力にかかっております。この際は貴方以外の方の入閣では駄目です。天下のため入閣に踏み切って下さい。そうすれば次の政権は貴方のものです。躊躇なく御決心願います」と説得し、強引に内閣認証式に引っ張り出したと伝えられている（藤井［2012、207頁］）。

池田の「月給二倍論」

　確証はないが、この入閣前後の状況について藤井信幸は、岸側が「池田の月給二倍論に注目していた」と指摘し、その背景としてそれが大きな反響を呼んでおり、『エコノミスト』（1959年3月21号）で「池田勇人氏の『賃金二倍論』は語調のよさも手伝ってか、貧乏サラリーマンに対する耳よりな話として各方面の話題となった。確かに政治的スローガンとしては近来にないヒットだ」と書いていることを紹介している（藤井［2012、209頁］）。だとすれば、池田を閣内に取り込むためにその持論を岸内閣の方針としても公認し、入閣に道筋をつけようと岸首相側が考えていたとしても不思議はない。この推測を裏付けるような証言も残っている。1959年6月に当時大蔵省の官房長であった石野信一は、自民党幹事長福田赳夫から「岸内閣で所得倍増の考え方を打ち出そうと思うんだけれども、大蔵省としては異存はないだろうか」と聞かれたと回想している。石野は森永貞一郎事務次官などと相談して「異存はない」との返事をすることになる。その際、石野から「今岸内閣が倍増計画というようなことをいい出すのは、池田さんとある意味の政治的な妥協を考えているように世間じゃ取るでしょうな」と福田に語りかけたところ、福田は「それもあるんだよ」と答えたと証言している（エコノミスト編集部［1999、上、71頁］）[3]。池田の入閣が決まるまで、岸首相周辺ではそうした動きがあった。

これに関しては、池田の秘書官であり宏池会事務局長であった伊藤昌也が、「参議院選挙で彼［池田］が全国遊説するでしょう。それをずうっと岸さんが見ておって、倍増論は正しい、これをやってくれよという事で、岸さんが反岸の池田を内閣に引きずり込むときのテコに使ったと思う」と語っている。そして、池田は「これでおれは岸内閣のもとで倍増計画をやらされるんだなと思っていった」ともいわれている（エコノミスト編集部［1999、上、66頁］）。安保騒動でこの予測は当たらなかったが、岸首相が池田入閣のために倍増計画への取り組みに道を開いたことになる。その意味では、岸内閣での起案自体が池田から発信されたものであったというべきなのだろう。

池田の月給二倍論は、よく知られているように中山伊知郎が、この年の正月3日の『読売新聞』に掲載した論説「賃金二倍論」に触発されたものであった。中山の意図は、「日本経済をさらに成長させるには賃金を二倍にさせるほどの『生産能率の上昇』を目指すべきだというもの」であった（藤井［2012、209頁］）。能率向上こそが肝要な条件であった。このような考え方にヒントを得た池田は、前述のように2月から始まった参議院選挙を控えた各地の遊説でこれを力説していた。そこでは日本経済が実現しつつある大きな生産力と過剰な労働力を基盤に経済拡大に高い可能性を認め、これを社会資本投資の整備によって促すとともに、金利引下げと減税を行い、民間の創意を活かした経済発展が可能な体制をつくることを理想としていた[4]。『日本経済新聞』に寄稿された「私の月給二倍論」で池田は、「私の主張はいま月給をすぐに二倍にするというのではなく、国民の努力と政策のよろしきをえれば生産性が向上し、国民総生産（GNP）、国民所得がふえ、月給が二倍にも三倍にもなるというのである」と説明している（上久保［2008、117頁］）。この両者の

構想では、月給二倍は結果として生じることであり、目標とされていたわけではなかったこと、そして10年という期間の明確な定めがなかったことは見逃すべきではない。そこに中山と池田の二人の「二倍論」に共通する特徴があった。

福田赳夫の「10ヵ年計画」構想

しかし、この池田の「月給二倍論」は、その意図通りには岸内閣の経済政策の基本方針にはならなかった。倍増をどのように実現するのかという点で根本的な差異があったからであった。福田と石野の会話が後日の回想による再現であるために福田が実際に「計画」という言葉を用いたかどうかはわからない。しかし、その考え方において福田が構想していた所得倍増と、池田の月給二倍論が全く異なるものであり、岸内閣の閣議決定は、「国民所得倍増計画」と「経済10ヵ年計画」の取り扱いに関する方針であったことから、正式の政府方針は「計画」という認識であったことは間違いない。

藤井［2012］によると、福田はみずから「所得倍増計画」を「首相に進言したのは自分だと吹聴した」が[5]、池田に敵愾心をむき出しにして月給二倍論の換骨奪胎を図った。そして、月給二倍論を否定し「生産力倍増十ヵ年計画」（国民総生産、国際収支、エネルギー消費量など、すべてを二倍にする計画）を、岸首相に提案したという（藤井［2012、217頁］）。この福田が自ら倍増論の「本家」と自称したことについて藤井はやや否定的なようであり、その真偽を確定することは難しい。ただし、大来佐武郎（経済企画庁総合計画局長：当時）によれば、1957年に新長期経済計画がとりまとめられた時期に、「当時の福田（赳夫・元首相）自民党幹事長が——僕がそのとき説明にいったわけだけれども、経企庁の総合計画局長で——なにか二倍というような表現は用いられないだろうかということをわれわれに

いっていたこともある。しかし当時の計画は五ヵ年計画で、いくらなんでも五年間に二倍ということはちょっと無理だったため、結局そのときは二倍構想は表面化しなかった」と証言している（エコノミスト編集部［1999、上、32頁］）。それ故、倍増という考え方が、中山伊知郎などの月給倍増論より早い1957年に、福田の周辺で独自に考えられていたことを否定することは難しい。

　この点はともかく、重要なことは、福田が「計画」ということにこだわっていたことであろう。そしてその名称は生産力拡充計画など戦時統制期の経済計画案を連想させるものだった。池田内閣で正式決定されることになる国民所得倍増計画は、名称こそ継承されているとはいえ、岸内閣の基本政策の段階では「倍増」であれなんであれ、「計画」的に実現することに重点があったことに特徴がある。前述のように岸の指示もそのような手続きで、具体的な政策を決定することにあった。ここに、「計画」という捉え方に対する岸・福田の考え方の特徴が示されている。

　福田は、「池田さんとは経済政策のかじ取りについての基本的な考え方がしっくり合わなかった」と回想しており、これについて藤井［2012、218頁］は、「経済政策のかじ取り」とは、「いかにも官僚出身者」の福田らしい表現であり、「新たな事態に直面しても前例に固執する官僚的な習性が、月給二倍論の狙いを福田が理解しえなかった、そもそもの一因であろう」と論評している。強い政策的な誘導がなくても経済規模は自然に拡大する、二倍になる力は日本経済には十二分にあるというのが池田であり、そのために政府が行うべきは社会資本の充実によりボトルネック発生を予防することに限られていた。このように民間の強い成長力を池田は信頼していたが、福田は必ずしもそうでなかった。

岸内閣の計画立案作業

　岸内閣での計画立案作業は、入閣したばかりの池田が福田の考え方に強く反発し、「長期計画の年数を十ヵ年とする首相の案に対し『十ヵ年以内で達成できる』旨強調、十ヵ年の文字を公式発表から削った」(藤井［2012、219頁］)[6]。しかし、自民党内での立案作業は、福田の考え方に沿って進められたようである。

　その点に立ち入る前に、この時期の経済企画庁の動きについてもふれておく必要があろう。「二倍」という目標を5年という期間で策定されている既存の経済計画のなかで実現するのは不可能と判断していた大来佐武郎らの経済企画庁幹部は、政府が倍増計画の立案作業に入る1年以上前の1958年4月に山田雄三を中心とする「方法論研究会」で「二十年後の経済展望作業」の研究を進めていた。明石［2001、iv〜v頁］によると、この研究会は後に改組されて傘下に「諸外国経済計画研究会」「科学技術研究会」、さらに「方法論準備作業グループ」「モデル研究グループ」を含むものとなり、59年3月に中間報告がまとめられた。それは、「経済見通しが問題の発見と解決方法による経済発展の可能性を明らかにすることを示し、解決策が諸部門にどのように影響をおよぼすかをコンシステンシーのある形で計数的に行われる必要性を主張」したものであった。また「作業の重点と範囲」として、①科学技術の進歩の影響、②産業構造の変化、③労働生産性と賃金・所得格差、④個人消費の構造的変化、⑤資本形成と貯蓄形態の問題、⑥重要資源の需給状態、⑦輸出見通し、⑧地域問題などが指摘された。これらは次の長期経済展望作業に繋がるものであった。このほか、中間報告では、経済見通しは最終年次の姿と問題点だけでなく、中間年次の状況と問題点も追求する必要性があることが指摘されていた。

　この研究会の成果を踏まえてさらに1959年4月には経済審議会に

長期経済展望部会を設け、東畑精一を部会長として有沢広巳、中山伊知郎、内田俊一、小汀利得を委員とし、各種の専門委員を委嘱して大がかりな作業を開始した[7]。これが、「経済企画庁、経済審議会としては、国民所得倍増計画の基礎的作業とも結果的にはなるものであった」といわれている（星野［2003、254頁］）。下部機構として設けられたのは、総括、資本構造、鉱工業、エネルギー、農林水産業、貿易、雇用・教育・技術、国民生活、財政・金融の9部門であった（伊藤［2012、73頁］）。

明石［2001、v～vii頁］によると、この間の経済審議会は、想定成長率法に基づいて国民経済、財政、貯蓄・投資などの各部門のコンシステンシーを保つように経済モデルを構築し、「年成長率4％、5％、6％、輸出額100億ドル」を想定して試算を行っていた。ここでは、「政治・経済の体制は国内・国際的に大きな変化がないとし、一般的条件として技術進歩が継続的に進行し、経済成長は世界的水準からみて比較的高い水準を維持する。人口については昭和40年前後までは労働超過供給状態が続くが、その後は新規労働供給が顕著に減少して労働不足が予測される。また、政策上の前提として、隘路（ボトルネック）の回避、格差是正のため高投資が想定され、保護政策は基本的にとらない。貿易上の統制的措置は漸次解消に向い、インフレをおこさない政策がとられる」などが前提条件であったとされる。

福田の提案は、このような経企庁の作業を横目で見ながらのものであったと考えられるが、それはその基本的な考え方に類似性があったからである。下村治は、経企庁の計画立案作業について、「企画庁は計画というのですが、私どものほうは計画なんてものは成り立つはずがないということで、できるだけ成長を伸ばす政策しかないんだと考えておった。いまでも企画庁の計画論に私が納得しない

のはそういう点があるからです。自由経済であるのに計画、計画というんです」と企画庁の考え方を批判している。下村は、仮に計画というのであれば、「自由経済らしい計画というのはもっとゆとりのあるものでなければならない」と考えていた（エコノミスト編集部［1999、上、27頁］）。

自民党主導の計画立案

大来佐武郎は、前述の閣議決定から1959年11月に経済審議会への諮問が行われるまでの間については、「一時は党のほうを中心にして、所得倍増計画基本構想とかそういう動きが」あったと証言している。大来は「われわれは、いろいろな日本経済の構造変化、格差とかいろいろな問題があるので、計画をつくるにはそうとうな期間取り組まなければダメだという立場を主張していたわけです。党が構想ということでおやりになるのはけっこうですけれども、政府計画としてやるなら少なくとも一年はかかるという主張をしていた記憶があります」と経企庁の考え方が福田や自民党の方針と異なっていたことを強調している（エコノミスト編集部［1999、上、33頁］）[8]。

確かにそうした面があるとはいえ、経済企画庁は、実際には自民党政調会経済調査会の検討作業に巻き込まれてその基礎作業を行っていたことが伊藤［2012、74頁］によって明らかにされている[9]。すなわち、閣議決定で定められた策定手順は、1959年「9月中に計画の基本構想を明らかにし、来年度予算編成に資するものとし、経済企画庁は各省と連絡を保って基本構想に必要な資料を整備し、構想の確立後はすみやかに経済審議会に諮問して計画の策定に入る」ことになっていた。「一年はかかるという主張」は認められていなかった。前述の長期展望部会の作業が新計画のための立案作業に切り替えられたものと考えられる。

1．所得倍増計画の立案

　自民党の動きに対応するように、社会党も1959年8月には「長期政策の展望」を発表していた。社会党は、これより先、1957年2月の第13回定期大会で独自の「経済建設五ヶ年計画要綱」を明らかにし、計画期間は前期を1958年からの5年としたうえで、後期5ヶ年も想定して、前期8.4％、後期10％という政府計画を上回る高い成長を想定する構想を公表していた（星野［2003、245頁］）。自民党としてはこれに早急に対抗する必要もあったものと思われる。

　そのため閣議決定の「手順にしたがい、企画庁総合計画局は10年後のマクロ経済構造の投影作業をはじめ、8月26日に『投影作業のための概算資料』を自民党経済調査会に提出した。これは、1969年度において実質国民総生産が倍増することを目標にした場合、主要経済指標がどうなるかを試算したものであった」（伊藤［2012、74頁］）。その後9月1日に総合計画局は「長期的経済政策に関する問題点（試案）」を自民党経済調査会に提出し、国民所得を倍増し、当面する構造変化に対応し格差問題の是正に努めて、社会的緊張を最小限にとどめるための条件を提示した（明石［2001、viii頁］）[10]。その条件とは、①雇用と国民生活の改善、②経済成長力の増強、③不均衡発展の是正、④財政・金融の役割にかかわる問題点に充分な考慮が払われなければならない、というものであった。このようにして、立案作業は「岸総理の意向を反映して矢継ぎ早に進められた」という（伊藤［2012、74頁］）。

　この策定作業には、1年位の検討期間が必要と考えていた経済企画庁内部でも異論があり、また大蔵省からも強い批判が提示された。「9月25日、大蔵省は省議で新計画の基本構想原案を検討し、総花的で重点がはっきりしない、健全な安定成長を図ることこそを強調すべきであり、明年度予算に関係する表現は避けるべきだ、との修正意見をまとめた」（伊藤［2012、74頁］）[11]。もともと岸首相は、こ

の構想のとりまとめによって翌年度以降の予算編成の参照基準を作ることも考えていたから、その内容を検討した大蔵省は、「総花的」と批判することで、予算要求の機先を制しようとしたものと推測される。そうしたなかで、経済企画庁が1959年10月19日に各省連絡会議に提出した『国民所得倍増計画の基本構想（案）』は、翌日には自民党経済調査会で了承され、21日には経済閣僚会議を開き、23日の閣議で正式決定することになった。

自民党構想への批判

しかし、この構想のとりまとめに当たっては、自民党経済調査会において「農林関係議員が工業と同じく農業についても生産倍増を強く主張し」（藤井［2012、221頁］)[12]、さらに1959年10月17日の報道によれば、「農工間および地域間の較差是正問題で特に経済調査会のなかの農林関係議員が企画庁案の大法人優先、工業重点主義に対して農業生産の見通しが低すぎることを強調」（同前）[13]したことから、自民党案では「国内的には治山治水など国土のあらゆる面の強化発展、大都市集中傾向の緩和、産業経済の基盤拡充改善などにつとめ、かつ雇用の増大を図る」と、公共投資の基本方針が産業間および地域間の均衡発展を促すことに置かれることになった。

そのため、この構想案については、「自民党の計画は政策論が概して抽象的であり、総花的であって物足りない。所得倍増計画のもっとも重要な点がボケている感じ」[14]、「あまりにも多くのことを羅列しているので、重点がぼやけている」[15]などと批判的な論評が表明されることになった（同前）。すでに大蔵省から総花的と批判されていた原案が、さらに焦点がぼけたものへと改編されていた。

こうした経緯もあって、10月21日の経済閣僚会議では、池田通産相と佐藤〔栄作〕蔵相から、「具体的な数値や体系化に多くの問題

点があることが指摘され、基本構想の取扱いは29日の経済閣僚懇談会に持ち越され、結局、29日の経済閣僚懇談会で、所得倍増計画の政府基本構想は白紙に戻」すことになった（伊藤［2012、74頁］）。裏付けになる財政のデータが欠けているなどの難点が指摘されたからであった（藤井［2012、220頁］）。22日の閣僚会議翌日の『日本経済新聞』は、「長期計画そのものに批判的な池田通産相の意識的とみられるほどの活発な発言に対して"倍増計画"の第一番の提唱者だった福田農相が、形勢不利とみてか池田通産相の発言を終始黙ってきいていた」と報じられている（同前）。企画庁の原案が、自民党の経済調査会でさらに総花的なものに書き換えられ、それを提出した閣僚会議では、そうした総花性だけでなく、福田が意図した「計画」が計画としての体をなしていないことが批判され、岸内閣における所得倍増計画の立案は暗礁に乗り上げた。

仕切り直し──経済審議会の本格審議

このような状勢のため、岸内閣は1960年度予算編成の前提となるものとして策定されていた「基本構想（案）」を白紙に戻し、翌11月には経済審議会に対して「国民所得倍増計画を目標とする長期計画いかん」を諮問することになった。策定作業は振り出しに戻ったことになる。大来によると、自民党案は「政府の計画にすることは適当ではないと考えていた」から、その思惑通り、計画策定業務を経済企画庁は自らの手に取り戻したことになる。

その後の経過については、明石［2001、x〜xiii頁］と伊藤［2012、75〜77頁］が手際よくまとめている。それによると経済審議会・経済企画庁の検討作業経過は、次のようになる。

岸首相から諮問を受けた経済審議会は1959年12月4日に、「①早い機会に国民所得倍増を達成すること、②計画期間を前期5年、後

期5年とし、③既存の総合政策部会を長期経済計画の総合部会とし、中山伊知郎を部会長として計画の大綱を決めることなどを決定した」(伊藤［2012、75頁］)。このうち②については、「五ヵ年」というこれまでの政府計画の期間への経済企画庁のこだわりのようなものを見て取ることもできる。10年間で2倍以上という同年6月の閣議での議論はこのようなかたちで翻訳し直されていた。そこには1959年3月の方法論研究会の「中間報告では、経済見通しは最終年次の姿と問題点だけでなく、中間年次の状況と問題点も追求する必要性がある」との指摘が生きていた。

　総合部会は、1959年12月15日、60年1月14日、2月2日に開催された。明石［2001、x〜xiii頁］によると、第1回総合部会では、今回の倍増計画の基本的方針ならびに計画と実績の対比について議論が交わされた。大来総合計画局長からは、「実績に比べて想定成長率（6.5％）が控えめであった事実や基準の問題があったことが説明され、中山部会長からは今回の計画は制度的な改正をふくみ、計画の前期では成長に伴う不均衡の是正、隘路の解消を目指すようにして、最終的に倍増の実績が出るようにすればよい、という方針が出された」。

　また、第2回会議では、審議事項として計画の前提条件（①日本経済の成長力をどうみるか、②世界経済の今後の大勢をどのように考えるか）について審議され、「主に①の成長力について議論が集中した。自給力に対する産業構造の変化や技術革新の影響、オーバーローンなどの金融的要素、貿易自由化と国際収支の関係など成長力を制約する要因について諸々の意見が出され、結局総合部会で成長率をひとつにしぼることは不可能であり、前回の計画と同様に複数の見通しを立ててしぼっていくのがよいということになった」。

　さらに第3回（2月2日）では、「計画の性格と方法について審

議が行われ、とくに隘路、格差について意見が出され、中山部会長からは、日本経済の当面するであろう隘路を今度の計画で発見し、内容的な面に重点をおいて解決する方策を打ち出すことが提言」されることになった。

このような経緯から、より具体的な検討を行うために小委員会が設置された。新設された２つの小委員会のうち、政策検討小委員会（稲葉秀三委員長）は「政策の柱について」を検討課題とし、①社会資本の充実、②産業構造高度化への誘導、③人的能力の向上、④二重構造の緩和と社会的安定の確保、⑤経済的安定の確保（財政金融政策の適正化）を具体的な課題の柱とした。また、方法論小委員会（山田雄三委員長）は、「所得倍増計画のためのフレーム・ワーク」を検討課題とし、①年成長率7.2％を想定する、②目標年度を1970年度とし、基準年次は1956〜58年度平均をとる、③基準価格は1958年度とする、④今後10年程度の期間について年率6.5〜８％の成長が可能と判断する、などをフレーム・ワークとすることとなった（伊藤［2012、75頁］）。

この検討がまとめられたのは、４月下旬のことで、これに基づいて総合政策部会は「国民所得倍増計画作成要綱」（５月19日経済審議会に提出）を作成し、総合政策部会のほか政府公共部門部会、民間部門部会、計量部会の４部会に分けて具体的な作業を進めていくこととなった[16]。「総合政策部会は計画案の総合調整を行い、政府公共部門部会は投資配分と当部門に関する重点政策の作成を担い、民間部門部会は民間部門、貿易部門に対する誘導政策、消費に関する予測と政策の検討を行う、そして計量部会は経済成長力の予測と計画全体の計量的側面について審議を行う」ことになった（明石［2001、xi頁］）。さらに４部会の下には17の小委員会が設けられ、国民所得倍増計画の立案作業が本格的に開始されることになった。

4部会と17小委員会の構成は次の通りであった（伊藤［2012、76頁］、明石［2001、xi～xii頁］）。

総合政策部会（部会長　中山伊知郎）
政府公共部門部会（部会長　稲葉秀三）
　　投資配分小委員会　　　　（小委員長　稲葉秀三）
　　産業立地小委員会　　　　（小委員長　土屋清）
　　交通体系小委員会　　　　（小委員長　秋山竜）
　　住宅・生活環境小委員会　（小委員長　谷重雄）
　　治山・治水小委員会　　　（小委員長　福良俊之）
　　エネルギー小委員会　　　（小委員長　巽良知）
　　科学技術小委員会　　　　（小委員長　向坊隆）
　　教育・訓練小委員会　　　（小委員長　佐々木重雄）
　　社会保障小委員会　　　　（小委員長　今井一男）
　　財政金融小委員会　　　　（小委員長　森永貞一郎）
民間部門部会（部会長　高橋亀吉）
　　民間総括小委員会　　（小委員長　高橋亀吉）
　　工業高度化小委員会　（小委員長　石原武夫）
　　貿易小委員会　　　　（小委員長　赤松要）
　　農業近代化小委員会　（小委員長　的場徳造）
　　中小企業小委員会　　（小委員長　竹内正巳）
　　賃金雇用小委員会　　（小委員長　内藤勝）
　　生活水準小委員会　　（小委員長　氏家寿子）
計量部会（部会長　山田雄三）

検討体制が整い、200名を超える専門委員が会合して検討がスタートしたのは、1960年6月2日のことで、国民の関心は新安全保障

条約の批准をめぐる問題に集中し、条約改定反対のデモが全国的な盛り上がりを見せているときであった。大来の回想によると、「安保のデモが毎日窓の外を通るわけですよ。大学先生の誰だったかなあ、たしか内藤勝（東大名誉教授）さんが『こういうデモの声を聞きながら計画の議論をするというのは、なんとなく落ち着かないですな』という話も当時出たことがあります」という（エコノミスト編集部［1999、上、37～38頁］）。

　各部会及び専門委員会の委員名簿によると（資料編付録4参照）、計量部会を除く総合部会、政府公共部門部会、民間部門部会の3部会は、主として経済界から選出された委員で構成されていた。総合部会を例にとれば、部会長の中山と、氏家寿子、内田俊一、東畑精一などの学者と目される人や、高橋亀吉や小汀利得などを除くとほとんどが経済団体の役員か有力民間企業の代表者であった。原安三郎が1884年生まれ、石川一郎1885年生まれと、堀江薫を除くと総て1900年以前の生まれであり、当時60歳代の後半から70歳代で占められていた。部会委員はこのように当時の財界人を総覧しうるような構成をとっていたのに対して、3部会に共通する委員として、各省の局長クラスが「各省専門委員」として参加し実質的な原案調整の役割を担ったと考えられる。また部会の下に置かれた専門委員会では、部会委員に比べると、それぞれの担当する課題に即して学識経験者が選ばれたことから、その比率が増加するとともに、関係業界団体等からの委員を含めて実態を熟知している人々の意見が反映されるように配慮されていたと考えられる。異色なのは計量部会であり、取り扱うことがらの性格上、経済関係の学者によって構成されていたが、その専門委員では、1932年生まれの塩野谷祐一を筆頭に、25年生まれの荒憲治郎、嘉治元郎、宮沢健一、23年生まれの内田忠夫、21年生まれの梅村又次といずれも40歳以下のきわめて若い世代

が参加していた。40歳になったばかりの小島清や篠原三代平を加えると、この部会の若さは際立っていたが、一橋大学を中心とするこれらの専門委員は、彼らが担うべき計量的な計画の裏付け作業に必要とされていたのが、きわめて若い学問であったことを反映した人選の結果でもあった。「経済成長の誕生」からまだ間もないという時代の息吹がこのような特徴を付与していた。

蚊帳の外に置かれていた下村治

専門委員会で検討が開始されるこの時期、自民党の立案作業は中断したままとなったようである。下村治は、「自民党は動いていなかったと思います。自民党は安保騒動で周章ろうばいというのか、てんやわんやの状態で、所得倍増がいいとか、悪いとかいうことを論ずる余裕もない」と説明している（エコノミスト編集部［1999、上、25頁］）。もっともその下村も経済審議会の立案作業に関与することはなかった。彼は部会委員はもちろん、専門委員にも選ばれなかった。通常の手続きであれば委員の選定は担当官庁による推薦の手続きをとるということを考慮すれば、経済企画庁は、立案作業に下村を加える意図は全く持たなかったものと推測される。

下村が池田に見出されるまで無名だったわけではない。下村は、1953年には日本銀行政策委員会大蔵省代表委員となり、1954年に大蔵省の内部資料として書いた「金融引締め政策──その正しい理解のために」という論文が翌年1月に『金融財政事情』に公表されて、その独特の経済理論が注目を浴びていた（上久保［2008、第5章参照］）。その独自性の故に批判が多かったが、それだけ反響を呼ぶ議論であった。1957年には在庫論争の口火を切る論文を書いて経済企画庁の後藤誉之助（「もはや戦後ではない」という指摘をした経済白書の執筆者）をはじめとする官庁エコノミストや経済学者との論争を

展開していた。この頃から、下村は経済成長の高い可能性を指摘し、民間企業家の自由な創造力を発揮させることの重要性を説くようになっており、こうした点に懐疑的であった経済企画庁とは一線を画していた（同前、87頁）。下村の主張の特徴は、1959年に都留重人が『日本経済新聞』に連載した「成長率論争」に対する批判でも明確になった。下村の主張の要点は、59年10月に出版された『日本経済の成長力──「下村理論」とその批判』（金融財政事情研究会刊）にまとめられている。それによれば、下村は経済成長について、「企業家の創意を刺激し、工夫を呼び起こすものは、企業家にたいする問題の提起であり、新機軸への挑戦である。あるいは矛盾といい、あるいは不均衡といい、あるいは不満というが、現状のなかから、克服すべき問題、解決すべき問題、改善すべき問題を見出し、打開のために工夫するところに、革新への情熱が生まれ、進歩への前進がはじまる。／成長とは、不均衡の連続であり一つの不均衡を解決することにより新たな不均衡を生み出す過程である。創造の意欲は、このような不均衡の除去のために誘発され、そのような努力の過程において成長が実現される」と主張していた。このように下村は日本経済の成長について独自の見解を展開することで、所得倍増計画が立案過程に入るまでに人々が耳を傾けるような議論を展開し、注目を浴びていた。しかし、そうした実績にもかかわらず、下村は策定作業に正式に参加するよう求められることはなかった（上久保［2008、112〜113頁］）。

　大来が下村を招いてその考えを聞いたのは、1960年9月8日のことであった。その時のことを大来は、「下村さんの意見をうかがったことは」確かにあるという程度にしか記憶していない（エコノミスト編集部［1999、上、33頁］）。下村も「一ぺんだけ呼ばれました。迫水さん〔迫水久常経企庁長官〕が出てこられたですよ。その会合

ではある程度の討論をした記憶はありますが、まあいいっぱなしでしたね」と回想している（同前、上、27頁]）。大来と話したという印象はなく、実質的な話、意見のすりあわせなどはなかったということであろう。

　この下村との会談に関連して大来は「そのころはこっちの答申案は、ほぼできていたんです。われわれは倍増するかしかないかということよりも五つの目標が大事だと主張していた。つまり、社会資本の充実、産業構造の高度化、貿易と国際経済協力の促進、人的能力向上と科学技術の振興、そして二重構造の緩和と社会的安定の確保です。二重構造の緩和とは、農工間格差、大企業中小企業間の格差、企業規模別賃金格差、地域格差の是正ということです」と考え方の違いを強調している（同前、上、33～34頁]）。

　この大来の考え方は、池田の月給二倍論の基盤にある考え方や下村の高成長論とは全く異なるものであり、むしろ福田の考え方に近いものであった。すでに「答申案はほぼできていた」時期に会ったことも、経済企画庁が下村を軽視していたことをうかがわせる。それ以上に問題なのは大来が下村の考え方に関わって「倍増するかしないかということ」ではなくて「われわれの考え方は」と説明している部分だろう。後日の回想とはいえ、大来にして下村の民間の経済成長力への信頼は理解を超えていたというほかない[17]。この点では、大来総合計画局長の下で策定作業の事務局にいた経済企画庁の宮崎勇の回想が的を射ている。宮崎によれば「下村さんが、経済審議会の事務局としての企画庁の案とは違う案をつくる。目標は大体同じなんですが、できるだけ高い成長をして完全雇用を実現する、そのことを通じて国際均衡を回復して自立をする、所得拡大を通じて生活水準をよくする。民間投資を中心にして、投資が投資を呼ぶ形で拡大していくというのが下村さんの考え方です。企画庁の考え

方は、民間投資だけでなく、公共投資もやって、社会資本を充実させて、拡大を図っていく。その目的についてはだいたい同じなんですが、その辺の感じは違うし、結果としてでてくる成長率も違う」（伊藤［2012、79頁］）[18]というわけであった。

おそらく新首相池田のブレーンとしての下村に敬意を表し、話を聞くだけは聞くということではなかったかと推測される。両者の見解の差は明白であったからだろう。

経済審議会策定作業

時期は少し戻るが、1960年6月に開始された各部会の作業のうち、計量部会および各小委員会は、当初の予定では、審議は8月末までとし、9月には報告作成・提出することを目途としていた。

各小委員会での作業は、
① 17の小委員会が政府公共部門、民間部門に分かれてそれぞれの担当分野で詳細な検討を実施し、投資配分、民間総括小委員会はそれぞれの部会の調整を行う、
② とくに計数的事項については、フレーム・ワークで算出された試算値を、検討材料ないし小委員会独自の推定作業の根拠として使用する、
③ これを、計量部会が、各部会の結果が経済全体で整合性からみて妥当であるかという観点から修正ないしチェックする

という形で進められた（伊藤［2012、76～77頁］）。

フレーム・ワークのモデルは、需要、供給、就業、分配部門について、それぞれ関連の変数を決定する方程式体系で構成されるものであった。ここで採用されたのは「想定成長率法」であり、「すなわち所得倍増という前提条件に対応した成長率を先決し、これを前提として、モデルに使用するパラメータを決定し、モデル体系に対

応するよう各部門の数値を試行錯誤的に変更しながら最終的に決定していく方法」であった。ただし、「パラメータには資本係数とか消費性向、種々の所得弾性値など予測的なものと、行政投資率、間接税率、直接税率など政策的・制度的なものがあり、後者については部会からの代案に沿って変更可能であり、前者については予測値とはいえ、政策的意味合いも含め幅をもたせて変更可能であるとされた」(明石［2001、xiii頁］、伊藤［2012、77頁］)。

作業の前提となった経済規模の試算値は、A案(目標年度26兆円)、B案(目標年度24兆円)の2案であり、7月上旬には計量部会で了承された。これは、1959年度、60年度の経済的成果(見通し)が過去の趨勢を越えて大きいことから、これを考慮して先に検討された経済成長力6.5～8％の上限に近い7.8％に成長率を引き上げた想定が行われることになったためであった。基準年次水準から7.8％で算出されたのがA案であり、4月26日と同じ7.2％で算出されたのがB案であった(明石［2001、xiii頁］)。

政府公共部門、民間部門それぞれ6月30日、7月1日に小委員長会議が開かれ、相互の作業状況、情報交換が行われている。8月2日には、部会長・小委員長会議が開かれ、それまでの各小委員会の状況説明、倍増計画のとりまとめ要領などの性格などについて話し合われ、また目標年度の経済規模については幅をもたせること(つまりA案、B案併記)で了解されていた(同前)。

経済審議会構想の修正

以上の作業経過については、1960年8月29日に開催された経済審議会で各小委員会から説明があり、各部門からそれぞれ多少の課題が指摘されたものの[19]、審議会は次のステップ、つまり計画案のとりまとめに入るはずであった。

1．所得倍増計画の立案

　しかし、予定通りに審議は進まなかった。それはとりまとめ中の計画案について、池田首相が修正を求めたからであった。9月5日に自民党が決定した「新政策大綱」に基づいて池田は所信表明を行った（藤井［2012、236頁］）。この「新政策大綱」では、今後10年間で国民総生産を「2倍以上にする」ことが表明されるとともに、当面の成長目標として「来年度以降3ヵ年においては年率9％の成長」を持続させることが明らかにされた。翌日の『日本経済新聞』は、この所信表明とともに、池田首相が「この目標を達するための政府の任務として、『経済成長の条件整備、減税、社会保障』に『年々の自然増収』を『重点的に充当する』」ことを言明したとを伝えている（藤井［2012、236頁］）。

　この当面3年間は9％成長という首相の所信によって、10年間平均7.2％ないし7.8％の成長率を想定していた経済審議会は、それまでの検討を見直すことを求められることになった。下村と大来の会談が必要となった背景には、この池田内閣による新政策表明があったように思われる。立案作業を支えてきた経企庁の大来にとってみると、この上からの指示には不満があったのではないかと推測される。それが「答申案はほぼできていた」という言葉ににじみ出ているようである。もちろん、この会談の有無に拘わらず、大来側には池田首相が求めた当初3年間9％という政府方針を拒否できる可能性は皆無だった。それゆえ、下村が持論である11％成長論を展開し、これに対して同席した迫水久常経済企画庁長官が9％程度ならば不可能ではないとして、政治的に決着させたということが真相のようである（藤井［2012、238頁］）[20]。

　時期は明確ではないが、この「新政策」の表明前後に下村は、池田首相の指示で高い成長率を想定した、いわゆる「下村プラン」を策定していた。「池田さんが総理大臣のときに急いでつくった記憶

がある」と下村が言う「プラン」は、9％、11％などの高い成長率を想定するものであった。このうち、11％成長については個人の意見として8月中に脱稿し理論経済学会で話したことがあったとはいえ、「下村プラン」の全容は公表されることはなかった（エコノミスト編集部［1999、上、26頁］）。

池田首相は、下村の考え方に沿って高成長を目指し、倍増計画も「二倍以上にする」計画として立案することを要求した。10年もかからずに倍増が実現すると判断していたからであった。当時の状況から見れば、それは決して荒唐無稽ではなかった。なぜなら、1959年の年経済成長率は実質で9.2％、名目14.2％を記録していたからである。平均7.2％に想定することは、59年のような高成長が実現した場合、スピードが速すぎると判断して成長のスローダウンを図ることが政府の役割と主張されることが危惧されていた[21]。新首相はこうしたかたちで計画が機能することは絶対に排除すべきと考え、平均7.2％案を一蹴したのであった。

このような事情から、9月13日には、総合政策部会が開かれ、政府方針と所得倍増計画の食違いについて調整を行っていることが報告され、最終的には26兆円達成の期間に幅をもたせて、中間年次を置かないという方針が提示された。この年の春に経企庁・経済審議会が「方法論研究会」の検討を通して10年計画の場合にも「最終年次の姿と問題点だけでなく中間年次の状況と問題点も追求する必要性がある」としていた方針は認められなかった。繰り返しになるが岸首相の指示が10年後、5年後、そして翌年というかたちで計画立案を捉えていたことを思い起こせば、この方針変更は「計画」の「計画性」を脱色するための措置と見ることができる。また、「政府は別個に3年9％案を作り、計画案とつきあわせて調整することになることも明らかにされた」（明石［2001、xiv頁］）。こうして9月は

当初9％という成長率想定の修正に伴う調整に使われ、各小委員会並びに小委員会相互での検討が重ねられ、各小委員会から報告が提出されたのは9月下旬ないし10月初旬になってからであった（伊藤［2012、79頁］）。

予定よりひと月遅れて提出された各小委員会から報告案に基づいて10月10日付けで計画案の第二稿が成案をみて、同月25日には総合政策部会で審議が行われた。その席上、「総合計画局長からは、今回の計画の特徴について次のような説明があった。10年という長期の計画であり、政策意識が強く出ている。政府部門、民間部門に分離し、行政投資の額をはじめてとりいれた。格差ならびに人間の問題を取り扱った。成長率を厳格にとらえず、おおむね10年として弾力的に考えた。さらに、各小委員会とのつき合わせの問題点として、(1)産業秩序の問題で民間総括と工業高度化両小委員会で若干ニュアンスの違いがあったこと、(2)貯蓄率の推計で国民生活と財政金融両小委員会であわなかったが、現在より若干貯蓄率は低下するということにした、(3)行政投資のウェイトが相当あがり、民間部門の投資とのつきあわせの問題があった、ことなどをあげ、調整を施したこと」であった。また、「経済規模をおよそ2倍にすることと、政府の新政策3年9％はそう大きく矛盾することはない」とも述べたという（明石［2001、xiv頁］）。

答申案の決定と政治レベルの再修正

以上の説明を受けて総合部会は計画案を決定し、1960年11月1日に経済審議会は政府に国民所得倍増計画を答申した。しかし、11月28日に開かれた自民党政調会ではこの答申に対して強い不満が表明された。3年間9％成長は党の公約になっており、計画はその趣旨を十分に織り込んでいないというのが池田の周辺から出されたこと

はいうまでもない。また、自民党農林漁業基本問題調査会の案に比べて農業に関する計画が消極的すぎる、という批判も強かった。前年の自民党内でおきたドタバタが再現したかのような状況であった。

政府は当初、12月2日の閣議で答申案に基づく所得倍増計画を決定する予定であった。しかし、農業近代化政策についての自民党政調会の見解がまとまらなかったために、閣議決定は延期された。結局、12月27日「国民所得倍増計画の構想」を別紙として添付し、年9％成長の実現や農業近代化などの政策を弾力的に措置するという内容の付帯文をつけることで決着がついた。

その基本的枠組は、今後、①技術革新と近代化が特定の産業や大企業中心から広く関連産業や中小企業に波及、深化する、②人口動態の先進国移行に伴って計画後半期に労働力不足が強まる、③貿易為替自由化が促進される、という変化を予想しつつ、①社会資本の充実、②産業構造の高度化、③貿易と国際協力の促進、④人的能力の向上と科学技術の振興、⑤二重構造の緩和と社会的安定の確保、⑥安定成長の確保と財政金融の適切な運営、を計画の中心課題として、安定的高度成長を持続し、国民生活水準の向上と完全雇用の達成を図る、というものであった。この点については、節を改め紹介することにしよう。

2．所得倍増計画の概要

答申の前文

1960年11月1日に経済審議会長石川一郎から池田勇人内閣総理大臣に提出された答申には、審議の経過を簡単に説明するとともに、次のような内容をもつ前文が付されていた（資料編付録2）。

　政府は、今後の経済運営の指針としてこの答申にもとずき、すみやかに国民所得倍増計画を決定し、その趣旨を国民に周知徹底させて、その十分な理解と協力のもとに、計画の着実な推進をはかられたい。

　また、政府は、この計画の実行にあたつては、国民の創意工夫と働らく意欲に期待しつつ、計画が提起した課題を適時適切に、解決していくことに留意されるとともに、とくにつぎの諸点に配慮して、新計画の円滑なる実現を図られたい。

　1．本計画を具体化するため、制度、機構の改善を含め必要な措置を講ずること。
　2．成長を維持するために直接的統制手段を強化したり、行政の繁雑化をもたらすことはさけること。
　3．将来の計画策定に資するための計画作成に必要な統計資料の整備に努めること。

この答申においては、国民所得の倍増が達成される時期をおおむね10年後と想定して、その場合の国民経済の姿とそれを達成するに当つて配慮すべき政策をかかげた。もし、諸条件が本答申の想定したものより好転する場合は、計画達成の期間が短縮される

ことになろう。

　本経済審議会としては、経済の安定や将来の経済成長力をそこなうことなく、国民の協力のもとに計画の早期達成が実現することはむしろ望ましいと考える。いずれにしても現在の高成長を維持していくためには、あい路発生の防止に政策の重点をおくとともに、内外の景気変動に際してその影響を最少限に喰止めるための有効な政策手段を用意する必要があると考える。

　なお政府は、当審議会が計画作成後の状況の検討や計画実施との関連において審議を続行しうるよう適当な措置を講ぜられたい。

この前文で際立っていることは、計画の達成期間について、短縮されることも可能としていたことであろう。その意味では、7.2％、10年間で2倍という企画庁の倍増論から一歩踏み出して池田・下村の構想に近いものになっていた。また、留意点の1と2で政府の関与する分野を限定的に捉えていることも重要であろう。いずれも、岸信介内閣で諮問された際に福田赳夫幹事長が意図していた政府の介入的な姿勢が脱色されていることを知ることができよう。その意味で岸内閣によって開始された所得倍増計画と、池田内閣で成案を見た国民所得倍増計画にはその継承関係とともに、無視することのできない「断絶」があるというべきだろう。付け加えておけば、2については「官僚統制」への警戒感が強かった当時の財界主流の意見を反映したものと考えられる。経済審議会の策定作業に参加した委員のほとんどが企業経営にかかわり、経済団体の主導的な地位に立つ人であったことからみれば、このような考え方が表明されるのは当然のことといってもよい。

「別紙　国民所得倍増計画の構想」

　ところが、すでにふれたようにこの答申案はそのままでは政府計画とはならなかった。答申と政府計画ではいくつかの修正が施された。修正の方向の一つは、上記の前文の趣旨にあわせたものであった（資料編付録3「閣議決定と答申との相違一覧表」）。たとえば、10年後の昭和45年度の表示について答申では「45年度には」とされていたものを政府計画では「目標年度には」というように年次を明確にすることを避ける修文が施された。また、「調整されるべきである」「確立すべきである」という表現は、「調整する必要がある」「確立するものとする」などと、政策的な介入を当然視し、政府の責任とするような表現は極力弱められた。各部会から積み上げられて作成された答申では、「計画」にこだわり「政府の役割と責任」を重視する考え方が色濃く残っていたために、このような修文が必要となったと考えられる。

　しかし、それ以上に重要なことは、これとは反対方向の修正であり、答申の修文ではなく、別紙が閣議決定に際して追加されたことであった（この資料は、資料編の国民所得倍増計画の冒頭に収録されている）。それは、本文を直すことなく、その内容を事実上大きく修正できるような解釈の余地を残すものでもあった。政府与党内にあった答申に対する両方向からの異論、一つは池田首相に近いサイドから成長率に関する考え方についての異論と、もう一つは、農業関係の施策や地方対策など政府の役割についての答申の限定的なスタンスに対する不満などを反映したものであった。

　1960年12月27日の閣議決定に際して作成された「別紙　国民所得倍増計画の構想」（以下、単に「別紙」と書くことがある）は、以下のようなものであった。

　「別紙」は、(1)計画の目的、(2)計画の目標、(3)計画実施上とくに

留意すべき諸点とその対策の方向の3点から構成されている。

　第一の「計画の目的」では、「国民所得倍増計画は、速やかに国民総生産を倍増して、雇用の増大による完全雇用の達成をはかり、国民の生活水準を大幅に引き上げることを目的とするものでなければならない。この場合とくに農業と非農業間、大企業と中小企業間、地域相互間ならびに所得階層間に存在する生活上および所得上の格差の是正につとめ、もつて国民経済と国民生活の均衡ある発展を期さなければならない」と述べられている。特徴的なことは、「目標」は「完全雇用の達成」と「国民生活水準の大幅な引き上げ」にあり、そのための方策として「速やかに国民生産の倍増」を図るという関係にあることである。同時に、「格差の是正」問題がとくに重視されていることも注目しておく必要があろう。ここには、大来が下村との会談を回想しながら「われわれは倍増するかしかないかということよりも五つの目標が大事だと主張していた。つまり、社会資本の充実、産業構造の高度化、貿易と国際経済協力の促進、人的能力向上と科学技術の振興、そして二重構造の緩和と社会的安定の確保です。二重構造の緩和とは、農工間格差、大企業中小企業間の格差、企業規模別賃金格差、地域格差の是正ということ」であると、構造的な問題の解決を強調していたこととの共通性を見いだせるであろう。もちろん、大来の記憶がこの「別紙」をなぞっている可能性はあるが、計画策定を通して経済構造上の問題解決を図ろうとしていた経済企画庁の考え方を「別紙」がある程度反映しているように思われる。そして、もしそうであれば、この「別紙」には池田首相主導で高成長を目指す計画へと修正を求められたことに対する経済企画庁にうっ積していた反発が込められているように思われる。与党内の答申に対する異論の噴出を利用して、経済企画庁は計画策定に込めた政策官庁としての強い意志を「別紙」に盛り込んだといった

ら過言であろうか。

　第二の「計画の目標」では、「今後10年以内に国民総生産26兆円（33年度価格）に到達することを目標とする」とされ、そのため「計画の前半期において、技術革新の急速な進展、豊富な労働力の存在など成長を支える極めて強い要因の存在にかんがみ、適切な政策の運営と国民各位の協力により計画当初3ヵ年について……年平均9％の経済成長を達成」することが確認されている。このように当初3ヶ年の高い成長率を明記したことに、答申策定過程から表明されていた池田首相の強い意向を見ることができる。答申は「おおむね10年前後」で倍増という表現で曖昧にされていたからであった。

　ただし、指標としてとられている目標値が国民所得ではなく「国民総生産」であることは軽視すべきではないだろう。この点は政府計画の本文でも同じであった。「所得倍増」、正確には「国民所得倍増」は、この「別紙」では言葉としても存在していなかった。もちろん国民経済計算についての十分な知識があれば、国民総生産の倍増と国民所得の倍増が同義であることは理解できたであろうが、そのような知識は一般には乏しかった。言い換えると、計画の表題と内容には大きなずれがあった。内容に即して表現するのであれば、国民総生産倍増計画であり、「別紙」は総生産の倍増による格差是正計画であった。この点に注目するとすれば、所得倍増計画は供給サイドの「計画」であり、そのために需要や消費に対する検討が弱く、もともとそのような視点を定めた計画策定は行われなかったというべきなのであろう。ここには「所得倍増」という言葉が政治的なレトリックであったことが如実に示されている。もちろん、所得倍増計画では、大来総合計画局長が経済審議会で説明したように初めて「人間の問題を取り扱った」という側面はあった。しかし、それらも将来の労働力不足を想定して「人的資本」の充実を必要とす

るなど、供給上のネックを如何に回避するかという視点から出されたものであったという限りで、やはり供給サイドの計画であった。

　第三の「計画実施上とくに留意すべき諸点とその対策の方向」では、「経済審議会の答申の計画は、これを尊重するが、経済成長の実勢はもとより、その他諸般の情勢に応じ、弾力的に措置するとともに、経済の実態に即して、前記計画の目的に副うよう施策を行わなければならない。とくにこの場合次の諸点の施策に遺憾なきを期するものとする」として、以下の5点が取り上げられている。

　すなわち、①農業近代化の推進として、「国民経済の均衡ある発展を確保するため、農業の生産、所得及び構造等の各般の施策にわたり新たなる抜本的農政の基底となる農業基本法を制定して農業の近代化を推進する。これに伴い農業生産基盤整備のための投資とともに、農業の近代化推進に所要する投融資額は、これを積極的に確保するものとする。なお、沿岸漁業の振興についても右と同様に措置するものとする」。また、②中小企業の近代化では、「中小企業の生産性を高め、二重構造の緩和と、企業間格差の是正をはかるため、各般の施策を強力に推進するとともにとくに中小企業近代化資金の適正な供給を確保するものとする」。以上の2つは、格差の是正に対しては経済成長の結果として解決されることを期待するというよりは、積極的な政府の関与が求められており、政府に対して「あい路の打開」などの限定的な役割と責任を果たすことを求めた答申からの明確な修正があった。答申の前文において「あい路発生の防止に政策の重点をおく」とわざわざ明記されていたことが、むしろ反発を招き「別紙」のこのような格差是正論につながったものと考えられよう。もちろん、格差が問題となるこれらの分野が政策的な関与を必要としていたかどうかについては議論の余地があろう。しかし重要なことは、「別紙」が計画の閣議決定に付帯して決定された

ことによって計画期間中にこれらの問題に対する政策的措置の正当性が保証されたことであった。「農業近代化のための投融資資金」や「中小企業近代化資金」などが明記されていることは、その後の政府予算編成や財政投融資計画に、それぞれの利害を代表する政策官庁や与党議員の発言に道を開くものであった。

　同様の性格は、留意すべき点の③後進地域の開発促進において、「後進性の強い地域（南九州、西九州、山陰、四国南部等を含む）の開発促進ならびに所得格差是正のため、速やかに国土総合開発計画を策定し、その資源の開発につとめる。さらに、税制金融、公共投資補助率等について特段の措置を講ずるとともに所要の立法を検討し、それら地域に適合した工業等の分散をはかり、以つて地域住民の福祉向上とその地域の後進性克服を達成するものとする」とされ、④産業の適正配置の推進と公共投資の地域別配分の再検討において、「地域格差の拡大を防止するため、とくに地域別の公共投資については、地域の特性に従つて投融資の比重を弾力的に調整する必要がある。これにより経済発展に即応した公共投資の効果を高めるとともに、地域間格差の是正に資するものとする」とされたことにも現れていた。こうして全国総合開発計画や工場立地の地方分散のための諸政策などが重点施策として取り上げられていくことになった。それは、「経済合理性を尊重」することが表現上では前提とされていたとはいえ、地方への土建行政的な財政面からのばらまきが本格化する基礎ともなった。

　留意すべき点の⑤世界経済の発展に対する積極的協力は、「経済協力」の推進を重視する意図の下に追加されたものと思われるが、以上の「別紙」の書きぶりから見ると脈絡がない。この項目が追加された理由を推測することのできる手かがりは、閣議決定の直前の12月23日に経団連が公表した「高度成長政策にかんする見解」にあ

るように思われる。

この見解は、次のようなものであった。

　決議　高度成長政策にかんする見解

　われわれは、高度成長政策の実現につき最大の関心を寄せるものであるが、同時にこれが実況のためには、国際収支の均衡、物価の安定という面において終始一貫なみなみならぬ努力を必要とすることを強く指摘したい。すなわち、これがためには、われわれの体験によれば、次の如き点にこの際とくと十分な配慮を加える必要があると痛感する。

　(1)加工貿易に依存するわが国経済において、高度成長政策を推進する上に最も重要なことは、国際収支の均衡を確保することであって、このためには、輸出振興や対外経済協力のための施策をこの際一段と積極化し、例えば低開発諸国に対しクレディットの設定等の新措置を講ずる外、貿易外収入増大のため、海運政策の抜本的強化を推進することが肝要である。

　(2)為替貿易の自由化推進に伴う国際競争の激化に備えて、経済各部面における過当競争を防止するとともに、企業規模の拡大、系列化、専門化等新しい産業秩序の形成を推進することが急務である。

　経済界としては、経済道義の昂揚をはかり、自主協調による過当競争の防止に全力をあげる決意であるが、政府においても新たなる事態に即して、現行独禁法制の適正な改正を速やかに実現すべきである。

　われわれは政府の高度成長政策に呼応して、自由企業原則の下に、為替貿易の自由化と輸出の伸張を期し、国際収支における自立体制を強化しつつ、ますますわが国経済の発展に努め、国民生

2. 所得倍増計画の概要

活の向上、二重構造の解消に寄与し、安定した自由国家の基盤をきずき、もって、わが国の国際信用の昂揚を期する決意である[22]。

　この見解は、経済界が所得倍増計画に示された「高度成長政策」に賛意を表しつつも、対外関係に強い関心を持っており、その課題解決のために対外協力の強化を求めていたことを示している。なお、繰り返しになるが、経済界は「計画」という言葉が戦時の「官僚統制」の再現になることに警戒的であり、そのためにこの見解でも「自由企業原則」をうたうとともに問題となっていた所得倍増計画の取り扱いについても「計画」の文字の入る文言を避け、「高度成長政策」としている。経済界のスタンスを示すという意味で興味深いものである。それはさておき、自民党の有力な支持母体からこのような要望が出ていたとすれば、「別紙」の「留意すべき諸点」の最後にやや脈絡なく経済協力が取り上げられたことも納得がいくというものであろう。

　以上のように、答申を受けた政府与党の調整によって追加された「別紙」は、それ自体としては池田内閣が高成長政策の追求において重視していた民間の経済発展への高い意欲と可能性への信頼に対して、農林業や中小企業を基盤とする与党議員の異論や経済企画庁の計画に対する考え方を背景として、計画の意味を変質させる可能性を持つものであった。池田首相がこのような追加に同意した理由は、これも推測になるが未だ党内基盤が盤石ではないことから、当初3年間9％という高い成長率を想定する計画全体が、上述の答申案の修文のようなかたちでまとまったことで政治的な譲歩を示したものと思われる。その意味では所得倍増計画の閣議決定はすぐれて政治的なものであった。

「国民所得倍増計画」の概要(1)──第1部総説

「国民所得倍増計画」の本文は、第1部総説、第2部政府公共部門の計画、第3部民間部門の予測と誘導政策、第4部国民生活と将来の4部から構成される。その骨子を簡単にまとめておこう。

まず、第1部総説では、「第1章　計画作成の基本態度」において、新長期経済計画との関係で「1.計画作成の意義」「2.計画の性格」「3.計画の取扱い」が明らかにされる。「1.計画作成の意義」では、これまでの成長過程が、「新長期経済計画」の策定した成長率6.5%を上回っており、①戦後回復要因が解消に向かっても成長率の鈍化が見られないこと、②貯蓄投資のバランスもくずれず、物価水準も比較的安定的に維持され、国際収支も赤字を生ずることなく外貨が蓄積されつつあること、③産業構造が速いスピードで高度化していることに注目し、「わが国経済はようやく戦後段階を終わりつつ、新たな発展段階を迎えようとしている」との認識を示した。また、そのような変化が生じている経済環境として「技術革新と近代化の深化」が浸透しつつあること、同時に人口動態の点でみると「若年労働力の不足が全般的なものとしてあらわれる可能性」が生じていること、また、世界貿易が高い成長率を維持していることなどを指摘している。このような良好な条件の下で、計画は、「わが国の成長能力を積極的に培養するとともに成長の阻害要因を除去し、国民の意欲と活力を生かして広い意味での国富を充実しつつ、わが国の経済を新たな事態に適応させるよう改変していく必要がある」としている。

続いて「2.計画の性格」として、「わが国の経済計画は、自由企業と自由市場を基調とする体制のもとで行なわれるものである。それは必ずしも経済の全分野にわたつて詳細な計画目標をかかげ、その一つ一つに厳格な実行を強制するものではない」ことを強調して

いる。また、従来の計画に比べて計画のポイントとなる事項を重点的に取り上げることとし、「経済活動の分野を二つにわけ、主として国が直接の実現手段を有する政府公共部門については、具体的で実行可能性のある計画を作ることとし、基本的にその活動を企業の創意と工夫に期待する民間部門については、予測的なものにとどめ、必要な限りにおいてのぞましい方向へ誘導する政策を検討した」とされる。この結果、従来の「産業計画的色彩」から「社会資本とか教育とか社会保障といつたような社会的側面も重視する」ものとなったと説明している。この政府経済計画の位置づけの変化は国民所得倍増計画を評価する上ではきわめて重要なポイントであり、繰り返しになるが「別紙」はそれを変質させる可能性をもつものであった。

「3.計画の取扱い」では、それが「これからの経済運営の指針となる総合的な長期経済計画である」こと、「毎年この計画を指針として、翌年度の経済運営の基本的態度を含む計画大綱を樹立し、長期計画の着実な実現を期することがのぞましい」こと、景気変動に対処して「弾力的、機動的」であるべきこと、計画より早く成長が進む場合には、「経済や社会の安定をくずすことなく、かつ将来の成長力をそこなうことなく実現するならば」、これを妨げないことが重視された。

以上のように計画作成の基本的態度では、策定経緯で争点となっていた「計画」とは何かということに関する経済企画庁と池田・下村ラインの考え方の相違という視点から見ると、計画がそれまでの「産業計画的色彩」から脱却していることに大きな前進があったということであろう。もっとも、計画自身が強調するような問題のうち「社会保障」というような側面での施策が池田内閣では十分に展開しないなどの限界があったことにも留意しておくべきだろう。し

かし、時代状況から見れば敗戦からの経済復興過程で定着していた保護主義的で介入的な権限の大きい政府のもとにあった日本経済を、自由主義経済の基本原則に沿う方向へと舵を切るという意図が計画の本文では一貫していたことは重視されなければならない。そしてその自由主義は、先進国が実現しつつある「福祉国家」への道を経済成長の成果を活かして進もうとするものであった。この計画は、その意味では自由化が求められていたという時代の所産であった。

第2章「計画の課題」は、「1.計画の主要目的」「2.計画の目標」にわけて課題が説明される。まず「1.計画の主要目的」については、「この計画の窮極の目的は、国民生活水準の顕著な向上と完全雇用の達成に向かつての前進である。そのためには、経済の安定的成長の極大化が図られなければならない」としている。この目的の実現のために、計画では①社会資本の充実、②産業構造高度化への誘導、③貿易と国際経済協力の促進、④人的能力の向上と科学技術の振興、⑤二重構造の緩和と社会的安定の確保が必要であるとの認識を示した。この中心的な課題として計画が取り上げている5点と、先の「別紙」の「留意すべき諸点」の5点とはかなりずれがある。やや強引な整理をすれば上記の⑤が「留意すべき諸点」の第1項から第4項の4つに拡張、具体化されていたというべきだろう。上記の③は「留意すべき諸点」の脈絡がないと感じられる第5項に対応していた。

とくに興味深い点は、①社会資本の充実が、高成長を実現するために必要となる「道路、港湾、用地、用水等の社会資本」に重心を置いていたことであろう。高度成長期の全国総合開発計画などに関わることになる下河辺淳は、「所得倍増計画を決定する際に、非常にもめたことがあって、閣議決定のとき、計画にただし書きが付けられた。それは、太平洋ベルト地帯で工業開発を実施するが、計画

2. 所得倍増計画の概要

の後期になったら全国の所得格差是正も考える、といった意味のただし書きです。これは僕たちにとって非常に大きなただし書きでした」と回想している（エコノミスト編集部［1999、上、102頁］）。すでに紹介した「別紙」が下河辺のいう但し書きにあたる。計画本文の社会資本投資による産業立地政策の重点は太平洋ベルト地帯にあったから、「別紙」が地域開発に関連する文言を含むことで、国土開発を推進する立場から望ましい修正が追加されたことになる。言い換えると、所得倍増計画の本文で示された中心的課題の絞り込みには国土開発の視点からは不満があり、自ら政策構想を活かす道を見いだせなかったということになろう。倍増計画の本文は、このような点でも経済効率性を重視した課題選択が貫かれていたと評価することができる。

「2.計画の目標」は、以上のような計画の目的に沿って実現しうる将来の日本経済の姿を数値として示すものであった。表4の主要経済指標は、基準年を1956～58年度平均としていることから、目標年までの伸び率は国民総生産で2.67倍、年率7.8％であり、1人当たりの国民所得はやや少なく、2.38倍であった。当初3年間9％という設定は、この目標に到達する経路でのことであることから、ここでは示されていない。「別紙」が「計画の目標」について、この点を明記しているのは、1960年9月初めの政府方針が答申には明示的には反映されていなかったことから、改めて答申案と池田内閣の経済政策の基本方針との整合性を図る意味があったということがここからも確認できる。

第3章「目標年次における経済規模と構造」では「1.経済水準と成長率」「2.経済構造」「3.成長の経路と問題点」「4.計画期間における物価問題」が明らかにされる。

まず「1.経済水準と成長率」では、目標年度の国民総生産26兆円

表4　所得倍増計画にかかわる主要経済指標

項目	単位	基準年 A	目標年 B	B/A　%	年率　%
総人口	万人	9,111	10,222	112.2	0.9
15歳以上人口	万人	6,217	7,902	127.1	1.9
国民総生産	33年度価格億円	97,437	260,000	266.8	7.8
国民所得	33年度価格億円	79,936	213,232	266.8	7.8
同上国民一人当たり	33年度価格円	87,736	208,601	237.8	6.9
個人消費支出	33年度価格億円	57,979	151,166	260.7	7.6
同上国民一人当たり	33年度価格円	63,636	147,883	232.4	6.7
国内総資本形成	33年度価格億円	29,470	82,835	281.1	8.2
鉱工業生産水準		100.0	431.7	431.7	11.9
農林水産業生産水準		100.0	144.1	144.1	2.8
就業者	万人	4,154	4,869	117.2	1.2
雇用者	万人	1,924	3,235	168.1	4.1
国内貨物輸送量	億トンキロ	975	2,173	222.9	6.9
国内旅客輸送	億人キロ	2,109	5,082	241.0	7.6
総エネルギー需要	石炭換算1000㌧	131,815	302,760	229.7	7.8
輸出	100万ドル	2,687	8,485	315.8	9.3
同通関ベース	100万ドル	2,701	9,320	345.1	10.0
輸入	100万ドル	2,549	8,080	317.0	9.3
同通関ベース	100万ドル	3,126	9,891	316.4	9.3

注：基準年は1956～58年度平均が用いられている。ただし、輸送量についての基準年は1958年度、総エネルギー需要は1959年度。

（昭和33年度価格）が1960年度の2倍に相当し、1人当たり国民所得では「現在の西欧より若干低いところに相当する」水準に10年後には到達することが示される。10年後には「現在の西欧より若干低い水準」というきわめて控えめな目標であった。ここでは、成長率が期間中に屈折する可能性を認めながら、「当面する社会資本の充実ということとも関連して、前半期はある程度成長を犠牲にしても、将来の拡張の基盤を強化すべきとの議論もあるが、当面の雇用面からの圧力を考えると、成長と基盤強化はある程度並行して進むべきである」との積極的な姿勢を明らかにした。

「2.経済構造」では、第2次産業中心の供給構造、企業設備投資ならびに政府の社会資本投資の増加を見込んだ需要構造のほか、就業構造、貯蓄投資バランス、財政収支、国際収支の予測が示されている。このうち個別の部門別のバランスでは、増加する投資をまかなうための法人部門の自己資本充実の必要性、個人部門では貯蓄と消費との相克が懸念材料として指摘されていた。また、将来の国際収支の黒字確保のためには前掲表でも明らかなように、国内総生産の伸びを大きく上回る輸出の伸びが想定され、それによってはじめて成長に必要な原材料の確保が可能とされており、その増加は輸出構造の重化学工業化によって実現される方向を見出していた。

　つぎに「3.成長の経路と問題点」によると、「計画の目標に到達する年平均の成長率は35年度から複利率でみるとほぼ7.2％であるが、現実には内外の経済条件の変化によって年々の変動が考えられ」るとはいえ、「今後数年間の経済成長は、過去数年の高度成長の影響を強くうけるものと予想」していた。その上で、「わが国の経済体質が、経済高度化を行なう可能性を十分につくりあげていること、さらにおう盛な設備投資に対応する労働の供給がさきにふれたようにとくに計画の前半期において潤沢であることである。さらに先進国との技術水準の格差は、これまでの成長過程で相当せばめられたとはいえ依然として残されており、今後の産業構造高度化の過程において、なお相当に先進技術を吸収しうる余地をもっている」などの条件から、当面高い成長率を想定することが明らかにされている。9％という数字は見いだせないが、予想される政府による修正との整合性を保つように工夫されたものであり、この計画本文の記述は下村の考え方、池田首相の意向に沿っているということができる。

　しかし、この項目で強調されるのは、高度成長維持に伴う問題点

であった。その問題点の第一は「社会資本の充足が成長に適合していけるかどうか」であった。そこで目標年次までの経済成長率平均7.2％よりも高い9％という「行政投資の伸び率を35年度〔以〕降」には想定して政府投資を推進することにしていた。第二の問題は「消費の立ち遅れ」についてであった。計画では、「消費の相対的立ち遅れは、設備投資がおう盛であつたことの反面であるとも考えられるが、この状態が持続されると供給過剰、設備過剰という形で経済成長の鈍化をもたらす可能性」がでてくることから、適切な消費需要の刺激への配慮が必要となる場合を想定していた。第三は外生的な要因として海外経済の動向であったが、これは未知のこととして立ち入ることは避けられている。

これらの問題以上に重視されているのは、計画期間中に労働力供給のあり方が変化することであろう。すなわち、「計画の前半期においては、高い成長のもとで、ある程度不完全就業の改善と農村労働力の第2次、第3次産業部門への流出が行なわれる」としても、後半期には「労働市場はいつそうひつ迫の度を加える」と予測されていた。それが成長の制約要因になると考えられていたが、意外にと思えるほど制約要因の存在を重大視してはいなかった。労働力不足への転換は、「今日存在する格差構造の底辺部における低賃金雇用の解消が進められることになる」と予測されており、その意味では賃金格差は成長とともに生じる労働力市場の変化（「高賃金、高水準雇用経済への移行」）によって自然に解消するものと考えられていた。また、中小企業でも資本装備率を高める必要性を増し、労働生産性の上昇をもたらすだろうと考えられていた。そして、国際貿易面では当面は中小企業の労働集約的商品の輸出が重要な役割をもつとしても、計画の後半期に世界貿易の高度化や後進国の工業化の進展という環境変化に対応しながら輸出構造の重化学工業化を進めて

いく必要が迫られており、このような条件に適合的な企業体制と労働生産性の上昇によるコスト低下が条件付けられると認識していた。政策的にこのような労働生産性上昇を促すような措置が必要となることが考慮されているとはいえ、全般的な論調としては、これらの変化が労働力市場の変化から自律的に促される性格のものと見なされているところに、この計画の特徴点があると言えよう。これほど明確に市場メカニズムの自律的調整への期待が表明されたことはこれまでにはなかったであろう。ここに池田内閣の新政策の基盤となっている「自由主義的」な経済思想を見ることができる。それは成長を介して問題が解決されるという、きわめて楽観的な見通しであった。それを実現する上で必要な旺盛な企業活力への高い信頼がこれを支えていた。そして、そうであるが故に「別紙」が格差是正について特段の留意が必要と強調する理由も政治的な意図も生まれえたということであろう。

　次の「4.計画期間における物価問題」では、「短期の物価変動を完全に除去することは困難である」とはいえ、「物価の安定を維持することはこの計画全体の円滑な達成に不可欠の条件である」とされる。こうした条件が満たされるためには、前項で触れたように、「価格を形成する諸要素のうち、労働コストは長期的な労働需給事情からみて上昇圧力が強まるものと思われる。このことは、わが国多年の懸案となっていた低賃金と二重構造が解消していくことを意味している」ために、「資本装備率を高め、生産性を向上すること」が価格上昇を抑制する方途として重視された。とはいえ、サービスなどの関係の価格ではそのような効果に限界があり、他方で量産効果で価格低下が見込まれる製品群もあることから、「計画期間を通じて、漸次サービス料金等が比較的高い先進国型の物価体系に移行しつつ、あるものは上昇、あるものは低下すると予想」しつつ、

「適時適切な物価対策をとる必要がある」としていた。

「国民所得倍増計画」の概要(2)——第2部政府公共部門

　第2部「政府公共部門の計画」は「第1章　計画における政府の役割」「第2章　社会資本の充足」「第3章　人的能力の向上と科学技術の振興」「第4章　社会保障の充実と社会福祉の向上」「第5章　財政金融の適正な運営」の5章から構成されている。これらの章別編成は、計画の中心的課題として指摘されていた5点（①社会資本の充実、②産業構造高度化への誘導、③貿易と国際経済協力の促進、④人的能力の向上と科学技術の振興、⑤二重構造の緩和と社会的安定の確保）に対して、第2章と第3章が①と④に対応し、同時に第4章と第5章が①③⑤を中心に横断的に関わる政府部門の役割を論じるかたちで対応しているということができよう。

　政府の役割の基本的な原則は、「第1章　計画における政府の役割」で次のように示されている。すなわち、「倍増計画の対象は、政府が直接、政策の実現手段を有する政府公共部門に中心がおかれる。従来の計画は民間分野についてもかなりの関与を前提としていたが、それらに比べるとこの計画では政府の直接関与する範囲はせばめられたことになるが、せばめられた範囲では従来以上に責任をもつものである」とされている。この文書は、「計画の対象」を「政府公共部門に中心」をおくこと、その反面で民間部門への関与を抑制することを明示したことに意味があり、計画がこれまでとは異なる位置づけを与えられていたことを示している。

　それ故、計画では、「成長要因を積極的に培養し、成長阻害要因を排除する任務」「財政金融政策の適正な運用による通貨価値の安定と成長資金の確保および景気変動幅の縮小という任務」を政府は担い、「民間における創意を十分発揮しうる条件をつくる」ことが

2．所得倍増計画の概要

求められた。そのために具体的な課題として提示されたのは、①社会資本の充足、②教育訓練等による人的能力の向上および科学技術の振興、③社会保障の充実と社会福祉の向上、④民間産業の誘導であった。この①～④と第2部の第2章以下の構成が④において対応していないことに留意しておこう。そして、この④民間産業の誘導において明示されているのが、それまでの産業の合理化促進や幼稚産業育成などとはやや趣を異にして、「政府は直接に民間企業活動の内部に立ち入ることなく、企業活動の環境を整備しつつ、それを好ましい方向に誘導する立場に立つことである。この場合、構造政策を積極的に推進する面と、公正競争の確保、大衆消費者の保護という価格対策ないし消費者行政などの監視的側面がある」と、市場経済の円滑さの確保などこれまでとは異なる側面に着眼点があることを明記していた。そのことは、第1章第2項の「政策実現のための手段」でも繰り返されており、「直接的統制手段をとることは極力これをさけること」「直接個々の企業を対象にしたような保護政策はできるだけ避けながら、十分に経済性を発揮させる政策をとること」がうたわれており、それ故「従来のような物的統制や為替統制や為替管理政策は後退し、主として財政金融政策による間接的手段と民間部門に対する適切な誘導政策によつて計画目標を実現する」とされた。

　第2章「社会資本の充足」では、①産業基盤の整備（道路、港湾、空港などの輸送施設、電信電話等の通信施設、工業用地、用水等の立地対策）、②住宅及び生活環境施設等の整備、③国土保全施設の強化を公共投資の総花性や事業施行の非能率等を排除しつつ実施することが基本的な方向として明示された。「産業の適正配置」では①企業における経済合理性の尊重、②所得格差・地域格差の是正、③過大都市発生の防止の視点から検討すべきことが指摘された上で、②

や③の要因に「あまり重点をおくと、無計画、総花的な工業分散化に陥り易く」と、格差是正についての慎重な態度が明示されている。それは産業立地だけでなく交通体系の整備でも「産業立地のあり方にとくに留意して重点主義を強化する」という表現で貫かれていた。

このような考え方を修正する必要があったことから「別紙」の第3、第4項が書かれたことはすでに指摘してきたとおりである。先に紹介した下河辺の証言との関係で見ると、計画本文では以上のような弊害を避けるための重点的・集中的な政府投資が行われる必要があり、その対象地域が一義的には4大工業地帯を中心とした「太平洋ベルト地帯」であったことに由来しているのである。

第3章「人的能力の向上と科学技術の振興」では、将来の労働力供給増加率の鈍化と科学技術の進歩、さらに産業構造の高度化から「労働力の質的向上」が強く求められているとの認識に基づいて、とくに「科学技術者および技能者の確保とその質的向上」のために、たとえば理工系の大学定員の増加などを図ることがうたわれていた。また、「高等工業程度の技術者の養成」のための教育、職業訓練の必要性も指摘された。これらのことから政府の果たす役割として中等教育・高等教育の充実が重視されていたことが明らかであろう。

第4章「社会保障の充実と社会福祉の向上」では、所得格差の拡大に伴う社会的緊張の増大の可能性に配慮した措置が政策的に必要との認識を示し、そのための社会保障の目標を「救貧ではなくいわゆる防貧」にあるとしている。また、最低生活水準の設定についてその水準が経済成長とともに相対的に変化するものと捉えていること、円滑な労働移動との関係で失業の場合の生活保障を重視したこと、国民所得に対する振替所得の割合というかたちで社会保障の規模を論じたことなど、これまでの政府の経済計画にはない前進を示した[23]。さらに、「有効需要の喚起、景気変動の調整、各種年金制

度の発展に伴うぼう大な資金蓄積等の観点から考えて社会保障のもつ経済効果は看過できない」と社会保障の経済成長への貢献を明らかにしたことは、今日でも耳を傾けるべき提言であった。

　しかし、第2章の記述がかなり具体性を帯びているのに比べると、第4章における社会保障にかかわる対策の方向については、健康保険制度、公的年金制度、社会的な弱者対策などについてそれぞれふれているとはいえ、表面的な問題の指摘に留まっている印象が強く、ここから直ちに新たな政策的な措置が生まれると考えるのは難しい。政策措置としての必要性は認識されているものの、「社会保障・社会福祉」に関する政府部門としての「計画」は不明瞭であった。したがって、この計画が経済成長の極大化に重点があること、その反面で分配の公正さを確保することについては、その配慮が十分には行き届いていないと評価できるように思われる。この点については、総合政策部会の専門委員であり社会保障小委員会委員であった近藤文二（大阪市立大学教授：当時）が、従来の経済長期計画では社会保障がほとんど無視されてきたことから、この倍増計画の立案に期待を持ち、「懸命の努力をしたのであるが、その甲斐もなく、池田内閣がその当初において『社会保障』の看板を高くかかげながら、後には『減税』や『公共投資』に押しまくられたのと同じ運命をたどらざるを得なかった」と述べていることからも明らかであろう[24]。

　社会保障についての実質的な配慮の少なさは「第5章　財政金融の適正な運営」からも知ることができる。財政金融政策の任務は、第一に通貨価値の安定であり、同時に循環的な景気変動への機動的な対応であった。また、第二に「成長のための所要資金の確保とその適正な配分」がとくに重視され、政府資金と民間資金の補完的な関係が強調された。そうしたなかで計画では、「財政金融に関する重要施策」として、①社会資本の充実と社会保障の推進、②租税制

度の合理化、③財政投融資の適切な運営、④金利機能の発揮と金利水準の引き下げ、⑤外資導入と海外投資の推進が取り上げられている。第4章に関する指摘との関連で注意すべきことは、①で社会資本の充実とともに取り上げられている社会保障については、ここでも「民生福祉施設の整備」という文言だけが織り込まれているとはいえ、財政面から社会福祉政策をどのような規模でどのように展開するのかという具体的な展望は全く示されなかった。財政の所得再配分機能についての認識は不十分であった。

「国民所得倍増計画」の概要(3)
──第3部および第4部（民間部門と国民生活）

　第3部「民間部門の予測と誘導政策」および第4部「国民生活の将来」では、この計画が「民間の経済主体が、自由企業と市場機構を通して経済合理性を追求しつつ、その創意と工夫により自主的活動を行なう立場を尊重する」との基本的な考え方に沿い、民間部門や国民生活について目標年次で実現するであろう将来像を展望として示すことに重点がおかれている。このような将来像を与えることで、計画ではたとえば「民間企業は……企業自体の長期計画を立て、過度に政府に依存する態度をやめて、自主的な責任体制を確立することが期待」されていた。そのため民間部門に対しては公益的な観点から政府の関与が必要な電力などの部門を除いてその関与を小さくすること、また為替の自由化などを推進することを明言している。

　描かれた将来像では、輸出構造の高度化が進むことが期待されており（第3部第2章「貿易および経済協力の促進」）、これに先行して産業構造の高度化（同第3章「産業構造の高度化と二重構造の緩和」）が展望されている。つまり機械工業を中心に産業構造も貿易構造も急激に高度化すること、その実現のためには国際競争力を強化する

ことが求められていることが指摘されている。

この点に関連して注目すべきは、「新しい産業秩序の形成」という項目が立てられていることであろう。そこでは、「工業の高度化と近代化のための重要な一側面として産業秩序の問題がとりあげられなければならない」として、その理由を①「狭隘な市場に弱少な多数の企業が存在し、大量生産方式もきかず、多くの零細企業が低賃金基盤のうえに不安定な経営を余儀なくされている」こと、②「技術革新の進行が生産構造と消費構造に急激な変革を起こしめつつあること」、③自由化体制への移行が一層の国際競争力強化を要請していることであった。このような課題を克服するために「新しい産業秩序の形成」が経済成長のための不可欠の要件となっているというわけであった。

このような認識に基づいて計画では、①企業規模の拡大、②不況対策の強化（実質的には企業間の協調、即ち不況カルテル）による景気循環の平準化、③大企業と中小企業の緊密な協調体制の確立、④共同購入、共同開発等の拡充による海外原材料の秩序ある購入確保、⑤海外市場での過当競争防除策が必要とされている。また、今後進展する貿易自由化の「過渡的段階においては秩序対策がとくに重要な意義をもつ」として、「(i)過度的混乱の防止、(ii)新規産業、成長期待産業の保護育成、(iii)構造的衰退産業の円滑な転換」が求められていた。当時の政策用語の使われ方からみると、「秩序」は「輸出秩序」が輸出企業間の過当競争を防止することにあったように、「産業秩序」は国内産業の競争構造について独占禁止法が求めている競争原則に対して、例外的な部分的修正を認めることで「競争関係を適正化すること」にあった。このような用語法に即して考えれば、ここでは独占禁止法の運用に関するなんらかの緩和措置が必要なことを示唆していたと考えられる。

このような考え方が、計画本文に含まれていることの意味は小さくない。構成上からは、これが「政府部門の役割や任務」に関する第2部にではなく、民間部門への誘導に関わる第3部の産業構造の高度化に対応した施策として言及されていることから、政府の関与を小さくするという基本的な態度と大きな齟齬がないということであるかもしれない。少なくとも第2部では直接的な産業・企業への政府関与は抑制されることが基本的な態度として明示されていたから、通産省などが展開してきた産業政策の内容は大きく変わる必要性があった。そのことが、第2部において産業政策がほとんどふれられることがないことにも貫かれているが、そうした産業政策的な関与については、産業構造の高度化を促進し貿易自由化に備えるという文脈では政策的措置に正当性があることが計画のなかにしっかりと書き込まれていたのである。

　この点を重視するのは、「新産業秩序」という考え方は、少し後の1962年以降に通産省が提案し、「スポンサーなき法案」として廃案となった特定産業振興臨時措置法の考え方に通底するものがあるからであった。これは経済審議会の民間部門の検討を行った小委員会の一つであった工業高度化小委員会での検討結果を反映したものであり、通産省による官民協調方式ほどには明確な政府・企業間関係の定式化はなく、独占禁止法に基づく「競争維持政策が原則という立場に近い」とはいえ、「来るべき自由化に備える意味での『新しい』産業秩序形成に果たすべき政府の役割については肯定的であり、統制でも自由放任でもない形での政府介入の正当性を認めている」と評価されるものであった[25]。

　次に農業部門については「農業構造の近代化を図り、国民経済の二重構造の緩和に寄与するような新しい農業政策の確立が必要」とされていた。そこでは「他産業部門の所得水準と均衡のとれた農業

所得を確保できる自立家族経営の育成と低い生産性の零細家族経営の協業化」による能率向上が求められた。全般的に第二次産業と同様に規模の拡大による生産性の上昇が重視されており、その制約となっている農地制度、相続制度の改正が課題とされていたが、その実現の工程表は明示されてはいなかった。

　第4部の国民生活については、雇用面での近代化が進展するとの見通しの下に、生産性の上昇に見合う賃金上昇と賃金格差の縮小が進むと予測していた。経済成長に伴う労働力不足経済への転換がこうした変化をもたらすと考えられていたから、その意味では政策的な関与の余地は小さいものであった。賃金の上昇は、勤労者世帯の所得水準を2.4倍程度に引き上げると予測され、これにより食生活の改善、耐久消費財の普及、住環境の改善などが可能になると判断されていた。そうして「貧乏と失業」の不安が解消すること、すなわち「年来の悲願である完全雇用と豊かな生活水準に接近すること」が期待されていたのである。

3. 計画の達成度

計画と実績──超過達成の現実

国民所得倍増計画がどのような成果を上げたのか。まずは、計画が取り上げていた主要経済指標（前掲表4）と目標年度となる1970年との日本経済を比較しておこう（表5）。

国民総生産を10年以内に2倍にするとの意図の下に設定された目標値26兆円に対して、1970年度の国民総生産は40.6兆円に達した。

表5　所得倍増計画の目標値と1970年度実績値

項目	単位	目標値 A	年率%	実績値 B	年率%	B/A %
総人口	万人	10,222	0.9	10,372	1.0	101.5
国民総生産	33年度価格億円	260,000	7.8	405,812	11.6	156.1
国民所得	33年度価格億円	213,232	7.8	328,516	11.5	154.1
同上国民一人当たり	33年度価格円	208,601	6.9	317,678	10.4	152.3
個人消費支出	33年度価格億円	151,166	7.6	207,863	10.3	137.5
同上国民一人当たり	33年度価格円	147,883	6.7	204,079	9.4	138.0
国内総資本形成	33年度価格億円	82,835	8.2			
鉱工業生産水準		431.7	11.9	539.4	13.9	124.9
農林水産業生産水準		144.1	2.8	130.3	2.1	90.4
就業者	万人	4,689	1.2	5,094	1.5	108.6
雇用者	万人	3,235	4.1	3,306	4.3	102.2
国内貨物輸送量	億トンキロ	2,173	6.9	3,438	10.2	158.2
国内旅客輸送	億人キロ	5,082	7.6	5,889	8.3	115.9
総エネルギー需要	石炭換算1000トン	302,760	7.8	574,095	12.0	189.6
輸出通関ベース	100万ドル	9,320	10.0	20,250	16.8	217.3
輸入通関ベース	100万ドル	9,891	9.3	19,530	15.5	197.5

出典：通商産業省・通商産業政策史編纂委員会編『通商産業政策史』第8巻（第Ⅲ期 高度成長期(1)）、通商産業調査会、1991年、40頁。なお、いくつかの項目で目標値に誤りがあったので修正してある。

56％の超過達成であった。基準年の9.7兆円に比べると4倍を超える増加であった。その限りで計画は十分な成果を上げていた。

　国民所得、個人消費支出なども10％を超える年率で増加したから、倍増計画の策定に関して当初から下村治が主張していた11％の成長も可能という予測の方が実態に近く、10年で2倍にするためには7.2％の成長が必要という経済審議会や経済企画庁側の想定が適切ではなかったことは明らかであった[26]。

　成果という点では貿易面での拡大が、いずれの経済指標と比較しても際立っていた。このことは倍増計画ではやや不安視されていた、つまり制約があると指摘されていた輸出拡大が、この間の産業の競争力の強化と輸出構造の高度化とによって大きく超過達成され、1970年までに国際収支の不安が解消されたことを意味する。

　これに対してかなり控えめな成長予測であった農業生産については、その目標さえも達成できなかった。農業就業者・農家戸数の予測を上回る減少がその要因であった。

　以上のような結果をもたらしたとはいえ、池田勇人内閣の所得倍増計画の趣旨は、その策定作業の経緯から明らかなように、数値目標を設定してそれを達成することそれ自体にあったわけではない。経済企画庁サイドが「計画」にこだわっていたこと、したがってそのような視点からはこのような比較が必要なことは認めうるとしても、所得倍増計画という経済政策の持つ意味を正確に評価することにはならないだろう。経済政策の効果や成果の評価方法は確立されているわけでなく、目標の達成度という数値に頼る簡便な手法は、生産力拡充などの戦前来の統制経済に関する手法にも共通して用いられてきた。

　そして、そのような評価は、池田首相が望むものではなかったであろう。なぜなら自由企業と市場機構に信頼を置くとすれば、倍増

計画の結果がどのような経済指標に帰結したとしても、重要な関心事ではなかったからである。池田自身は、1961年5月の商工委員会で「所得倍増計画……に載ってある通りをやっていくという気持ちはございません。われわれの考え方と違っている点が多々ある」と発言したという（藤井［2012、249頁］）。この発言は、藤井によれば「10年間で所得を倍増する年平均七・二パーセントには固執しないことを意味するとともに、地方や農業の利害を押し出す「別紙」への批判も含意されていたように思われる」と評価されている（同前）。関連して興味深いのは、星野［2003］が池田内閣の政策体系を「所得倍増政策」として、経済審議会答申に基づく「所得倍増計画」とを区別して表現しようとしていることであろう。その区分に従えば、評価は本来所得倍増政策に対して行われるべきもので、「計画の達成度」という数値にこだわるべきではないだろう。

国民所得倍増計画のアフターケア

それでは倍増計画の成果をどのような視点から考えるべきだろうか。この点について示唆的なのは、下村が「所得倍増政策にとって不幸であったのは、三分の二ぐらいの大部分の期間を高度成長反対論の政府が経済を誘導することになったことです。つまり高度成長によって出てくる成果を、極力国民のためになるように、効果を生かすように努力をしましょうというんじゃなくて、何かおかしなことが出てきたらそれは所得倍増論の結果なんだ、おれの知ったことじゃないという感じで扱われたんじゃないかという気がする」と回想していることである（エコノミスト編集部［1999、上、28頁］）。なお、この発言で下村が倍増計画ではなく倍増政策と語っていることは、「計画」という捉え方に対する下村のこだわり、拒否反応のような心理を反映していると考えてよいだろう。

つまり倍増計画の成果を活かす努力を後続の政権が怠ったこと、そして政府の失敗の責任だけが倍増計画に帰せられたと下村は見ていた。下村は高成長がさまざまな問題を生んだことは認めているが、「高度成長を大事にして、高度成長の成果をできるだけ国民の利益になるようにしたいという立場からいうと、もっといろんなことが早く効果的にやれたんじゃないか」、それにも拘わらず後継者たちは他人の仕事の後始末だから「あまり熱を入れてないということになりがちだった」のではと考えている。

　この評価の適否は高度成長期経済の本格的な分析をへなければ容易には結論が出せないであろう。その点は後日の課題に残すとして、ここでは、池田内閣の下で行われた倍増計画中間レビューに注目してみたい。それは下村の指摘するようなバイアスのない期間内のものだからである。

　この点に関連する検討は、伊藤［2012］の第3節「国民所得倍増計画のアフターケア」で行われている[27]。それによると1961年4月には目標と実績の乖離が問題となり、経済審議会総合部会は「実勢が計画の線を上回っているのは事実だ。どこかで落ち込みが来るか、目標が早く実現できるか、どちらかになる。これをつきつめることが根本問題だと思う」と中山伊知郎部会長が発言し、設備投資、国際収支、格差・物価の3つの問題を計画の進展に伴って惹起する摩擦として重点的に取り上げることになった（伊藤［2012、81頁］）。こうして始まった検討は、6月に「慎重な民間設備投資を望む」という部会長談話によって一段落した。

　翌1962年春には前年秋から国際収支対策が必要になったことを受けて再び検討が行われ、「実勢のまま推移すれば、今年下期の国際収支均衡の目標達成を困難にするおそれがある。従って、この際政府は、従来の金融引き締め政策を堅持し、とくに設備投資の一層の

抑制につとめる必要がある」との部会長談話が発表されている（同前）。

このように計画決定直後から2年あまりの間、経済審議会は求められたアフターケアに関して、旺盛な設備投資に基づく予想以上の高成長が国際収支悪化をもたらすなどの懸念を増大させていることから、成長をスローダウンさせる方向で動いていた。この当時、経済成長の見通しについて「転型期論争」が起きていたことはよく知られているが、経済審議会のアフターケアにも、そうした論争が影響していたかもしれない。ただし、このような対応策は、それまでの景気調整政策、つまり国際収支の制約を前提にストップ・アンド・ゴーを繰り返す政策の延長線上にある調整政策であったという限りで新鮮味に乏しく、高成長を持続させるため政府が果たすべき役割を明確にしていくという姿勢に欠けるものであった。

やや脱線するが、このような国際収支の制約の強さを意識した政策運営が行われたことは、1960年代までの特徴であった。より自由な国際間の資本移動が可能となった80年代以降、外国からの資金の流入がテコとなって後発国の工業化が急進したことと対比すると、日本の高度成長の特徴点の一つというべきかもしれない。この点も今後の検証を必要とするが、戦前以来の外貨残高（戦前期には政府及び日本銀行の正貨保有額）に制約を受けた政策運営の歴史は、60年代初頭の日本経済に関しても抜きがたい制約として共通認識になっており、そのために国際収支危機は深刻な問題として採り上げられ続けていた。そのことがこのような見直しの議論の基底にあった。

総合政策研究会の提言

設備投資を抑制するという判断は、この時期の設備投資が過剰であるという認識を背景にしていたと思われる。1962年7月に総合政

策研究会が公表した「提言　設備投資はいかにあるべきか」は、そのような認識を端的に示している。この提言は翌年『日本の設備投資』(ダイヤモンド社、1963年) として公刊されているが、それによると、この研究会は61年10月から研究を開始しており、その9ヶ月ほどの検討結果が提言としてまとめられていた。研究会のメンバーは有沢広巳、稲葉秀三、円城寺次郎、川野重任、高橋亀吉、土屋清、福良俊之、脇村義太郎 (会長有沢、書籍版の監修者は高橋と土屋) であった。高橋や稲葉など池田の木曜会のメンバーであり、池田の考え方に近いと目されるエコノミストも含まれていることから、この研究会が池田批判のためだけに作文されたものでない、比較的中立的なものと判断してよいだろう。

　『日本の設備投資』は、設備投資急増の基本的な要因として「技術革新」と「貿易自由化対策」を指摘し「このような方向において設備投資が適度に行なわれるならば、それは日本経済の発展にとって望ましいもの」と評価していた。その上で、行き過ぎ (設備投資の激成) の要因を、①所得倍増論のもたらした楽観ムード[28]、②軽率な企業の投資態度、③金融の変態と調整機能の低下から説明している。そこでは、倍増計画が「経済成長は大きければ大きいほどよいという態度を示したため、過度の楽観ムードをあおり、それに追随して財界にも資金の供給限界を無視して、厳密な企業採算を離れて、自由に奔放に行動するという空気が風びした」ことが問題視されている。他方で政府も設備投資に関する指導について明確な方針を欠き、「総花主義に傾くために、かえって企業はワクを確保しようとして設備投資意欲を根強くさせていること」、そのために企業や金融機関の自己責任を弱め主体的な投資計画を決定する意欲を失わせている、と民間部門・政府部門の問題点を明らかにしている。

　こうした事情に加えて、企業は1950年代に強気の設備投資行動を

とった企業の方が飛躍しているとの経験から「強気は勝ち、弱気は負ける」という教訓が経営者の心理に浸透していること、企業はシェアの上昇に神経質であること、独占品種のつぶし合いが生じていること、投資の失敗について「誰かが救ってくれる」という安易な期待感、つまりモラルハザードが発生していることなどが軽率な企業行動の根底にあるとされる。また、金融機関側にも責任の一半があるとして、日本銀行による通貨供給方式がオーバーローンを激化させていることも背景となって、貸出し競争のなかで銀行の貸出し態度が安易であることも指摘されていた（『日本の設備投資』6～7頁）。

このような設備投資の急増がもたらす問題点は、供給圧力を強めていること、その解消のためには個人消費支出の拡大を可能にするような賃金上昇が求められるが、それはコスト上昇をもたらすと考えられている。それゆえ、「国際収支の赤字とコスト・インフレを避けようとすれば、供給過剰となり、供給過剰を避けようとすれば国際収支の赤字とコスト・インフレを招く」というジレンマを抱えることになったという（同前、13頁）。

さらに労働コスト・資本コストの両面から生産コストが上昇していること、企業の資本構成が悪化していることなどから企業の競争力が弱体化していることも指摘されていた。これに関連して重要な点は、増加する設備投資が必ずしも国際競争力の強化につながらない事情があることであった。それは多数の企業が参入しているために個々の設備規模が国際水準から見ると過小規模となる危険性を持っていること、投資の自主調整が行われる場合にも「総花的」な調整のためにシェア競争と過小規模設備に帰結していることなどが理由であった。この面では投資の適正な調整が必要と考えられていた。

したがって設備投資について総合政策研究会は、質量両面から設

備投資の適正化を図ることが提言された。具体的には次の10項目であった。

1. 所得倍増計画を改訂強化し、そのなかにおける設備投資計画の位置づけを明確にすること。
2. 設備投資計画を裏付ける産業資金計画を作成すること。
3. 金融の正常化を強力に推進しつつ、日銀、金融機関、証券市場が一体となって、設備投資の適正化に努めること。
4. 貸出し競争を抑制するため、銀行のあり方に再検討を加えるとともに、その合併統合を推進すること。
5. 貿易自由化、および関税引下げの時期と方針を早期に決定し、企業の自己責任制を明確にすること。
6. 問題業種の設備投資については、産業別に必要に応じて投資調整懇談会を設置し、設備投資計画に対する企業の自主的適応を促進すること。
7. 企業の合併、および提携により、設備投資の調整を側面から強力に推進すること。
8. これら重要政策を推進するために、内閣の経済審議会を最高経済会議に改組し、設備投資については産業別の投資調整懇談会との連携を緊密にすること。
9. 財政の投資調整に関する機能を強化充実し、金融と相俟ってその効果を確保すること。
10. 経済行政機構に専門家を配置し、投資調整に側面から寄与せしめること。

一連の提言のなかで、所得倍増計画の改訂強化とは、情勢の変化に応じて指標としての意味を保持するためには「倍増計画の第二版、

第三版が情勢に応じて作られるべき」との表現に集約されている。ただし、ここでの「設備投資計画」については「総ワクとして」明らかにされると書かれていることから見れば、部門別の計画を策定することは意図されていなかったと思われる。これに加えて、この提言は当時通商産業省が提唱し始めていた新産業秩序形成を目標とする「官民協調方式」の影響を読み取ることができる[29]。

　通産省の試みは、すでに倍増計画に書き込まれている「新しい産業秩序」に関連してふれたところだが、官僚統制の復活ではないかとの危惧から実現することはなかった。ただし、それらに共通する問題意識が、経済成長の推進力となっている設備投資という「暴れ馬」をいかに統御するかという点にあったことは認められてよいだろう。

　しかし、このような問題の把握は、倍増計画がもたらした経済変化という点では、依然として1950年代の景気調整政策の基礎となる外貨制約（国際収支の天井）を強く意識したものであったという限りで検討の範囲は部分的であった。

国民所得倍増計画の中間検討報告

　総合政策研究会が倍増計画の改訂の必要性を指摘したことは、この当時の倍増計画への評価の一つの流れを反映するものでもあった。経済審議会は、1963年1月から新たに中山素平、木川田一隆、今里広記の経済同友会メンバーなどを委員に加えて新体制での審議を開始したが、そこでも計画そのものの見直しを含めて検討すべきであるとの意見が表明されることになった（伊藤［2012、82～83頁］）。

　そうした意見もあって、経済審議会は「①計画と実績の違いがどこにあり、その相違をもたらした原因は何か、②わが国経済の現状をどのように評価すべきか、③計画作成時に予想されなかった新し

い条件や、計画で採り上げていない問題点も検出する、という3つの観点から、計画の再検討を行うことが決まり」、総括、国民生活、物価、労働、産業構造、社会資本、国際経済、財政金融の8分科会による検討が開始された（同前、83頁）。

1963年12月に公表された『国民所得倍増計画中間検討報告』は、B5判548頁の大部の報告書で、報告主文のほか8分科会の検討結果が収録されている[30]。この中間検討では産業立地問題や地域政策、科学技術振興政策、総合エネルギー政策、人的能力の開発などの問題については「時間的な関係や資料上の制約等から十分に行われたとはいえない」との留保がつけられているが[31]、倍増計画を全体として見直そうと意図した最初の試みであったことは認められてよい（『国民所得倍増計画中間検討報告』1頁、以下同書からの引用は「報告、引用頁数」で示す）。

報告主文を中心にその内容を振り返ると、中間検討報告（報告主文）は、第1部「国民所得倍増計画の構想と現実」、第2部「高度安定成長の確保」、第3部「低生産性部門の近代化」、第4部「経済社会発展基盤の強化」の4部から構成される。

結果的には、計画策定に際して争点の一つとなった当初3年間9％という成長率の想定期間をカバーする見直しとなったこの中間報告は、計画と実績について表6によって次のようにまとめている。

すなわち、年々の成長率は1960年度13％、61年度14％、62年度5％、63年度6〜7％見込と大きな変動を示しているが、61〜63年平均では9％成長は実現していると判定された。この間、個人消費はほぼ計画通り増加したが、投資実績は計画を56％も上回っていた。想定を大きく上回る設備投資の拡大が高成長の基本的な要因であり、成長への寄与度という点で見ると、計画では12.9％に対して実績では29.3％であった[32]。その結果産業構造の重化学工業化が進み、第

表6　中間検討報告おける計画・実績の対比　　　　　　　　　　（単位：%）

支出構造	実績（基準年次〜1962年年平均増加率）	計画（基準年次〜1970年年平均増加率）
個人消費支出	8.6	7.6
政府消費支出	10.0	7.0
政府資本支出	18.9	10.1
民間設備投資	18.3	6.9
個人住宅投資	19.9	12.8
在庫品増加	4.0	5.9
海外受取	10.5	8.8
海外支払	12.0	8.4

生産別所得構造	基準年次（1956〜58年平均）	実績（1961年度）	計画（1970年度）
第1次産業生産所得	18.3	14.3	10.4
第2次産業生産所得	33.3	38.6	38.6
第3次産業生産所得	37.8	37.0	39.8
運輸・通信・公益生産所得	10.1	10.1	11.5
計	100.0	100.0	100.0

2次産業の構成比は1961年度ですでに目標に到達していた。ただし、貿易収支は赤字基調で推移しており、長短外資の流入によって総合収支では黒字となった。輸出の増加により国際収支の天井が高まったとはいえ、この面では限界のある実績であり、前述のように外貨制約から景気調整が求められた理由でもあった。

先進国並みとなった製造工業の重化学工業化のなかで、鉄鋼などの「基幹部門の供給力増大」が将来の発展の基礎となるものであり、それはこの分野で国際競争力が着実に向上していることの証明でもあった。また雇用の拡大もめざましいものがあり、関連して国民生活も着実に改善され、エンゲル係数の低下、耐久消費財の普及、教養娯楽費の増加など消費内容の高度化も進んでいた（「報告」7〜9

頁)。

　このような成果が認められた反面で、問題点も数多く見出されていた。

　第一に、成長過程における安定性保持の問題であった。すなわち「生産水準の大幅な上昇から輸入の急増を招き、国際収支を悪化させる働きをした」結果、1961年度には金融引締めが必要となり、「これによつて生じた成長の起伏と景気後退が、国民経済に与えた悪影響は決して小さくない」と指摘されている。そして、それが「企業のシェア競争に起因する投資競争というかなり行きすぎた一面をもつ」ことから「企業および金融におけるビヘイビアと政府の民間部門に対する誘導力とあわせ十分反省を要するものである」とされた (「報告」9頁)。

　第二の問題点は、消費者物価上昇の問題であった。消費者物価が1960年以降次第に上昇傾向を強め、61、62年には6～7％程度の上昇を示していた。それは、「主として農林水産物、対個人サービスの料金および加工食品中主として中小企業が生産するものの価格の上昇に負うところが大きい」と指摘されている。この点は表7によって確認されている。とくに重視されているのは、成長率が鈍化した62年にも消費者物価の上昇が続いていたことであり、そのため高成長に伴う「一時的な摩擦現象」と見るのではなく、上昇圧力にいかに対処するかが課題とされた (「報告」10頁)。

　この問題について下村は、卸売物価が安定したなかでの消費者物価の上昇は、賃金上昇の不可避的な影響であるとして問題があるとは考えていなかった (エコノミスト編集部 [1999、上、29頁])。長期的に見れば、そのような賃金上昇という先進国型の経済への移行に伴う相対価格体系の変動とみるべきものであり、そのような変化が起きることは倍増計画でも予測されていた。しかし、政治的に見れ

表7　消費者物価騰貴率および寄与率　　　　　　　　　　　　　　　　（単位：%）

	騰貴率	平均年率				寄与率				
	34/30	35/34	36/35	37/36	37/34	34/30	35/34	36/35	37/36	37/34
総合	1.0	3.6	5.3	6.8	16.6	100.0	100.0	100.0	100.0	100.0
農水産物	0.6	4.0	6.4	8.7	20.4	18.8	32.9	31.3	33.6	32.0
加工食品	0.2	3.6	5.1	7.2	16.8	3.5	21.2	19.0	20.9	20.0
大企業製品	△0.8	2.3	1.0	△0.1	3.2	△2.5	2.1	0.5	0.0	0.5
中小企業製品	0.3	3.7	5.8	8.3	18.9	6.0	19.1	18.5	20.9	19.4
繊維製品	△1.5	2.2	2.2	3.9	8.6	△14.0	5.7	4.0	5.5	5.0
耐久消費財	△0.5	△1.8	△0.7	△0.8	△2.3	△0.5	△0.5	△0.5	△0.3	△0.5
その他製品	1.0	3.0	3.7	4.0	11.0	17.3	14.9	12.0	9.8	11.4
大企業製品	△0.1	△0.6	△0.3	0.0	△0.9	△0.9	△1.2	0.3	0.0	△0.4
中小企業製品	1.7	5.1	6.1	6.2	18.4	18.2	16.1	12.3	9.8	11.8
サービス	3.5	4.5	7.4	8.6	21.8	74.9	25.8	34.2	30.5	32.1
家賃地代	11.6	9.4	10.4	6.7	28.9	26.0	5.1	4.8	2.4	4.2
公共料金	2.7	3.2	2.7	1.4	7.4	16.8	5.5	3.6	1.5	3.1
対個人サービス	2.4	4.2	9.2	12.0	27.4	32.1	15.2	25.8	26.6	24.7

出典：『国民所得倍増計画中間検討報告』25頁。

ば月給二倍論に起点がある倍増計画が、実質的な所得の上昇を割り引くような物価上昇を伴ったことは、政策の失敗として強い批判を浴びることにもなった。

　問題の第三は、低生産性部門の立ち遅れに関するものであった。「高度成長に伴う労働力不足、賃金上昇が二重構造緩和の契機となりつつあるものの、中小企業、農業の近代化は必ずしも十分に進んでいない」のが現実であった（「報告」10頁）。中小企業では賃金上昇に対応しうるような投資が進まず、経営条件が悪化していた。また農業部門でも相対価格の上昇にも拘わらず、農業所得は伸び悩んでいた。このことは倍増計画が想定していた市場メカニズムによる自律的な調整によって問題が解決されるであろうというシナリオが、この時点までは少なくとも効果的な成果を上げていなかったことを

示唆している。

　第四の問題点は、経済社会発展基盤の整備拡充の遅れが目立っていたことである。具体的には社会資本の拡充が遅れているだけでなく、消費部門では「住宅、生活環境、社会保障制度等の改善が十分でない面がみられる」としていた(「報告」11頁)。社会資本の拡充は倍増計画の最重点課題として政府に委ねられた政策課題であったが、急激な民間部門の拡張には対応しきれてはいなかったのである。国民生活の面では「住宅、環境衛生等民生関係の施設の立遅れが目立つとともに、国民生活のアンバランス、公害の発生の問題が生じている。したがつて、社会資本および社会保障の充実、消費部門の質的改善は経済効率の発揮、人的能力の活用につながる問題として今後わが国の高度成長を維持する上に重視される必要があろう」と指摘されていた(同前)。物価とともに高度成長の「ひずみ」として指摘されることの多い公害問題については、このようなかたちで簡単な言及があるに留まった。経済成長に伴った政府財政規模が拡大し、政府投資も民間投資と同程度の規模で順調に拡大していたが、それでも社会資本の不足が問題視され、加えて社会保障などについては十分な配慮がなされていなかったことは、自然増収に伴う財政規模拡大にもかかわらず、その歳出の振り向け方に問題があったことが示唆されているといってよい。

　中間検討報告は、以上の問題点の指摘に加えて「新たな条件」として、①開放体制への移行、②労働力需給の逼迫、③高水準の産業設備投資を採り上げている。ただし、これらはすべて制約要因と見なされていたわけではない。たとえば①については国際競争力の強化が求められるとはいえ、「国際競争にさらされることは、長期的には産業の国際競争力を強化し、進んで低生産性部門を近代化させる作用が期待される」ものであるとして、「開放体制への移行のも

つ効果は経済の体質改善を通じての国際競争力の強化となつて現われるべきものであり、政策よろしきを得れば、輸出の促進、輸入代替力の強化、外資の流入等成長を促進する要因として強く働く」と捉えられていた（「報告」12頁）。ここでは自由主義経済への信頼が揺らいではいなかった。

これに対して②については、「今後わが国雇用面において賃金、雇用制度等制度的諸条件が変わらなければならず、労働力流動化対策の推進、生産性向上への意識的努力がいつそう要請される」とした（「報告」14頁）。このように労働力不足経済への移行という現実は、池田・下村が想定していた、民間企業家の旺盛な設備投資意欲と対になった「豊富な労働力供給」という条件が失われつつあることを意味した。しかし、中間検討では、この点について立ち入った議論が深められることはなかった。③については企業経営をコスト面から圧迫する可能性や増大する生産能力を活かすための輸出競争力と輸入代替力の強化が求められた。これらは、その文脈から見れば民間部門の自主的な努力を一層喚起することを意図するとともに、必要とあれば何らかの政策的関与の余地を開くものであった。

中間検討報告の報告主文の第2部以下は以上で指摘された問題点についてのより具体的な検討にあてられている。このうち第2部は「高度安定成長の確保」というやや奇妙なタイトルが付されている。高度成長の看板は下ろさないが、安定が必要という趣旨であると推測されるから、これは後に成長率が低下した時代を「安定成長期」と言い換えたこととはもちろん別のものである。現実に起きた経済成長率の5〜6％と13〜14％という大きな振幅に対する危惧が「安定」を際立たせるようなこの表現には込められており、高成長を維持するだけではなく、それを安定的に維持することが求められていた。この第2部で注目されることは、財政面では補正的財政政策の

採用については慎重な態度が示され――この時にはそれから2年後に証券恐慌に際して赤字国債発行による景気調整が必要になることは夢想だにされていなかった――、金融面ではオーバーローンなどの問題を正常化する必要が強調されていた。

　第3部の低生産性部門については、これまでの議論がさらに具体化されるとともに、農産物自由化問題について「自由化を進めるという前提で考える」として対策が模索されていることが興味深い。このような前提が与党内で政策として合意されるとは考えにくいが、ここではそうした厳しい条件を前提にすることで、農業政策について適切な目標設定が必要であり、その中核となる「自立家族経営の育成対策」に具体性を付与したいと考えていたようであった。この点では農業基本法が1961年に制定されて農業政策の基本方向が明確化されつつあったから、それ以上の言及は少ないが、倍増計画でも指摘されていた「現行の土地制度のあり方や自立経営層の育成に資するような制度の改革」を改めて強調していた。

　第4部「経済社会発展基盤の強化」では、国民生活の質的向上を実現する上で政府の施策による「所得再配分機能が十分でない」ことが問題視されていた（「報告」41頁）。それが国民生活のアンバランスをもたらす要因と捉えられていた。また、「超高度成長」の過程で国民生活への圧迫が生じているとして、公害の発生、物価の上昇、交通事故、ストレスの増加などの事象が指摘されていた。そのため住宅等の整備や社会保障制度の合理化などを通して再配分機能を高めることなどが対策として簡単に列挙されている。ただし問題事象とされた公害問題について、政府の積極的な関与を指摘するスタンスには乏しく、「早急に防止のための万全の措置を期さねばならない。それには公害の発生源の所有者がその防止のための施設を設けることを原則とすべきであり、さらに地域開発や工場誘致に当

たつても、公害防止を含む総合的な計画が必要とされる」として、公害発生源の責任を問題にする側面が強かった。倍増計画が内包していた民間企業の自由な創意に委ねるという基本姿勢は、その弊害の除去についても自己責任を求めるものであり、市場の失敗に対する十分な配慮を施すという政策課題の存在についての認識に乏しく、その中間検討報告にあたっても改められることがなかった。問題が軽視されていたのである。

4．成長政策のもたらしたもの

「経済の季節」への転換

池田勇人内閣の国民所得倍増計画は、岸信介内閣における日米安全保障条約改定問題で先鋭化した国内政治の対立状況を転換する上で重要な役割を果たしたと評価されている。

これについて、下村治は「安保騒動をあんなに激しいものにしたエネルギーというか、火ダネを供給しているのは国民の欲求不満だったと思うんです。その欲求不満を吸収することが高度成長のなかで必ず急速に実現できるに違いない。そうすれば安保騒動の火ダネはなくなってしまう。あるいは推進するエネルギーはなくなってしまう。政治的にも社会的にも安定した状態が急速につくられていくに違いないという予想と展望とをもっていました」と語っている（エコノミスト編集部［1999、上、27〜28頁］）。

また、池田首相の側近であった伊藤昌也と宮沢喜一は、岸の後任として池田が立つことには異論があったこと伝えている。宮沢は、「こういう安保騒動の大変なあとには、ちょっと池田さんのような性格の人ではおさめきらん。もっとそれこそ、円満な石井光次郎（元衆議院議長——原注）さんみたいな人でないとあとはおさめられないから、池田さんに、ここは石井さんにされるようにいってください、と笠〔信太郎〕さんに頼まれた」と回想している。その理由は、「池田という人は、当時までは大変、荒武者と思われていたんですね。突如として知らん顔して経済のことなどで世の中を鎮めちゃうとは、誰も思っていなかった。だから安保騒動から目をそらしてしまう、そういう意識がちゃんとあったわけではないんですね。

ただ、安保のあとの総裁選挙では、忍耐という言葉は大平〔正芳〕さんが考え出し、寛容というのは、たぶん私〔宮沢〕が考え出したんだと思いますが、まあ『寛容と忍耐』という姿勢でしか政治のやりようはなかったわけで、自然に所得倍増のほうへいっちゃったんですね。それに、もう、あれだけ安保騒動で集まったエネルギーは、岸さんが退陣したんで、それをほかへもっていかなければならない力学的な要素もあったのかもしれません」と説明している（エコノミスト編集部［1999、上、43頁］）。

衆目の一致するところ、かつて「貧乏人は麦を食え」と失言した池田は、厳しい政治対立の状況を収拾するための適任者とは考えられていなかった。その不適任の池田が、なぜこのような難局を打開できたのだろうか。伊藤昌也によれば、池田は「絶対におれはやるぞ、おれの前には政権があるんだ、これをおれはつかむしかないんだ」といって「火中の栗を拾う」ことになった（エコノミスト編集部［1999、上、68頁］）。

もちろん、その池田に所得倍増計画によって状況を大転換できるとの計算があったわけではないだろう。1960年7月6日に総裁選挙に立候補を表明した池田は、①議会政治の刷新、②社会秩序の確立、③国民生活の向上と社会保障の拡充、④文教の刷新、⑤平和で自由な協力的国際関係の樹立、⑥党風の刷新の6政策を表明した。このうち③のなかで池田は国民総生産を10年後に2倍以上にすることを目標に掲げていた（藤井［2012、228頁］）。池田は直感的なものであろうが、新政権が柱に据えるのは経済政策以外にはないと考えていたようである。しかし、伊藤昌也は池田が本気で所得倍増計画に取り組むとは思っていなかったし、自民党の盟友である前尾繁三郎も「所得倍増はあくまでも選挙対策」としてしか見ていなかった（同前、229頁）。内心はともかく、池田自身も総裁就任直後に「現下の

4. 成長政策のもたらしたもの

最大の責務」を問う質問に「民主的な議会政治の再現である。いままでのように野党と対決するという力の政治はいけない。忍耐と寛容をもってお互いに協力して議会を盛り立てていく」と答えている。当面は、この「忍耐と寛容」に集約される政治的な「低姿勢」によって打開を図ることが表明されていたのである。

　所得倍増計画は、岸内閣が1959年にはその基本政策の中に取り込んでおり、それが池田の発想を活かしたものだとしても、岸内閣が安保騒動のなかで自らの政策課題としては棚上げにし、経済審議会の審議に委ねっぱなしであったものであった。もちろん、岸内閣は成立以来、教育現場の勤務評定問題、警察官職務執行法の改正など安保外交問題だけでなく、政治課題でも革新勢力と対決する姿勢が強かったことからも岸内閣と倍増計画はあまり明確には結びついていなかった。しかし、このような前歴のある政策課題を新政権の施政方針の柱に据えることは得策ではなかったかもしれない。それでは岸政権の方針の継承者と見られる危険性があったからである。それでも池田は自民党総裁就任から9月初めにかけての期間に、自らが遊説で説いたことがあり、その着想に思い入れもあった所得倍増計画を政権の中核的な課題におくという考え方を次第に固めていったようであった。

　それはどのように生じ、政治的な対立の時代からの脱却が進んだのか。

　この問いについて、浅岡隆裕のメディア言説に関する研究が参考になる[33]。サラリーマン層を主要な読者層としていた『週刊朝日』『サンデー毎日』『週刊読売』の記事を分析した浅岡は、「7月の時点では、次回総選挙の主要争点は『安保問題である』ということがはっきりとメディア言説のなかで表明されていた」と指摘している（浅岡［2003、63頁］）。そして、その数ヶ月後には争点は経済政策へ

と完全に転換されていたのである。

　浅岡の分析によると、1960年7月から8月にかけてのメディアは、池田について「政界きっての経済専門家」「経済積極論者」であることを強調し、あるいはかつての失言を紹介していた。なかには岸内閣の閣僚であったことから「岸亜流政権」と評するものもあった。そのような報道が可能であったのは、7月の総裁選に際して池田が表明した新政策がその限りでは新鮮味の乏しいものと評価されたからであろう。

　それでもこのような記事のなかから政治的対立時代が残した問題、安保の強引な自然承認の過程に対する与党の責任を問うという姿勢は後退していた。浅岡は、この時期にすでに「政治の季節」から「経済の季節」へといわれるような「焦点の移動がメディア上でもはっきりと見られ始めた」と総括している（同前、65頁）。「池田内閣の成立後には、"安保問題に対し、池田首相は安保問題の当事者ではないから、あまり追求しても仕方がない"といった図式が雑誌メディアの中で暗黙に成立していたことをうかがわせる」というわけであった。

　とはいえ、やや繰り返しになるが倍増計画が池田内閣の主要な政策の柱になると判断できるほどの明確な認識は共有されていなかったと考える方が妥当であろう。その点は、8月24日に経団連が公表した意見書「池田内閣の新政策に対する要望」（総合対策委員会成案）に端的に表れていた。そこでは、まず前文において次のように述べられていた[34]。

　　　過般の安保改訂に伴なう国会内外の混乱や三池争議における暴力行為の頻発等により、わが国の国際的信用が著しく傷つけられた事態を特に重視し、新内閣はまず暴力の追放と法秩序の

確立を施政の根幹とし、議会民主主義の徹底のため率先して範を垂れるとともに、自由諸国との協調に基づく自主外交の展開により世界平和の維持に寄与せんとする外交方針を明確にし、国際信用の回復に力をあげるべきである。

次に、経済政策としては、わが国経済の現状において、何よりも緊要なことは、自由化の試練をこえて、経済の成長発展をさらに一段と推進し、雇用の拡大と国民所得の増大に努力し、この過程において、所得の不均衡や二重構造の是正、必要な社会保障の充実等をはかることが適切であると考える。

われわれは、かくのごとき観点から、新政策の立案実施に当り、政府が特に下記の点に十分な配慮を加えられんことを強く要望するものである。

すなわち、この意見書では、まずは政治的な問題への注文が「国際信用の回復」をキーワードに提示された上で、経済面での要望が語られている。民主主義国家としての質が問われていると指摘する経団連の提言には、未だ政治的争点が過去のものとはなっていなかったことが如実に表れている。と同時に重要なことは、経済政策面では「雇用の拡大と国民所得の増大」という表現にとどまったことである。つまり、所得倍増計画が経済審議会で審議され、とりまとめの段階に入っていることは十分に知り得ていたにもかかわらず、そのような文言は使われず、基本的な方向として国民所得の増大にふれただけだったのである。このような考え方に沿って、経団連は、①健全財政の維持と減税・公共投資・社会保障、②自由化に対処すべき諸施策の急速整備、③科学技術の振興、④資金増強対策の推進を要望していた。この具体的な要望の説明のなかでも倍増計画への言及はなかったことから見て、経団連は所得倍増計画が政策の柱に

なるとは見なしていなかったということになろう。したがって、池田内閣がその基本政策を経済政策へ、所得倍増計画へと焦点を絞り込み、その考え方を明確に示すようになったのは９月以降と見るべきであろう。

　方針が明示されたのは９月初めに、すでにふれたように自民党の新政策が発表されたことであった。これを契機にメディアの関心は経済政策へと移動した。そこでは、浅岡の整理によると、①二重構造の解消に向けた政策、②安定成長論、③高度経済成長政策の３つをめぐって議論が戦わされていたという。その中で、所得倍増計画の解説記事が見られるようになり、倍増が10年かけて実現するものであることなどが紹介されている。また、「所得倍増ではなく支出倍増が先に起こりそう」という揶揄的な評価もあったという（同前、66頁）。物価上昇が懸念材料として採り上げられ、それが所得倍増の成果の「大半を帳消しにする」という記事もあった。また、格差が拡大するのではないか、という論点も繰り返し指摘されていた。このような記事が次々と掲載されるなかで、総選挙が行われる11月には「（安保）条約そのものの是非などは、ここでは保守はもとより革新陣営でさえ『ありゃもう過ぎ去ったことサ』と片付けられる気風が強い」と報道されるほどに状況は転換していた。社会党や民社党が所得倍増計画の対案を出して成長率の高さを競ったことも、このような争点の移動に拍車をかけた。

　総選挙後、1960年12月の閣議決定を経て1961年１月ころになると、実体経済の好調を反映して「生活革命によって変わる消費生活」などが記事となるようになっていた。すでに所得倍増計画に対する懐疑は見られなくなり、同時に倍増計画の内容を問題にすることもないまま、「倍増景気」「所得倍増ブーム」などの言葉が飛び交うようになる。浅岡は、「現代に連なる、所得倍増計画の明るい元気なイ

メージは、この時期のメディア言説に起源をもつものと考えるのが適当ではないか」と指摘している。そのような肯定的なムードのためか、61年1月に行われた国鉄料金、電気料金などの引き上げですら「所得倍増に随伴する物価上昇だから」として容認するロジックすら登場していた（同前、67頁）。

総選挙前の1960年秋には、政治的なものから経済的なものへとメディア言説の争点が移動していたことは、藤井［2012］によっても確認できる。1960年9月の『東洋経済新報』の「社論」では所得倍増計画への批判は「これまでに比べると、迫力が弱い」ものであり、「大多数の国民から、新政策はおおむね肯定されるような格好」であったという（藤井［2012、240頁］）。また『日本経済新聞』では、「九％の経済成長は過大でない」と題する社説を掲げ、池田内閣の新政策を肯定的に評価していた。9月半ばに読売新聞社が実施した世論調査では、池田内閣に望む政策として減税と社会保障がそれぞれ19％、経済成長が13％と世論が「新政策」を高く評価していることを示した（藤井［2012、241頁］）[35]。政治・外交問題は後景に退いていた。

以上の検討からは、池田内閣側が経済政策を前面に押し出そうとする意図を明確化するのに対応するように、情報の送り手としてのメディアの側では岸退陣直後には争点となると考えていた安全保障条約問題などの政治課題に関する情報を抑制し、経済政策へと関心を移した。このような報道のあり方が「経済の季節」への転換を促したということができる。その意味でメディアが政治的争点を放棄したということの持つ意味は大きい。しかし、同時にそれらの商業メディアが読者の期待する情報を提供する媒体として販売競争に曝されていたとすれば、読者の側にもこのような転換を歓迎し、とげとげしい対立の時代に幕を引きたいという思いが少なからずあった

ことも否定できないだろう。こうして安全保障条約の自然承認から半年あまりで、世論の関心は「経済政策」へと移っていった。

おそらく、この転換にブレーキをかける危険性があったのは、1960年10月12日に日比谷公会堂で開催された自民、社会、民社3党の党首討論会で浅沼稲次郎社会党委員長が右翼の青年に刺殺された事件であろう。しかし、この戦前のテロの時代の記憶を呼び起こすような悲劇は、むしろ人びとの心に時代の転換を求めるモメントを強めたのではないかと思われる。この事件が海外からは日本の民主主義の未熟さを示すと受け止められたことも大きいかもしれない。いずれにしても、この問題を重大視して左右の対立をあおるような言説は歓迎されなかったのであろう。

政治言語としての「経済成長」

所得倍増計画については、これが時代の転換をもたらしたと同時に重要なポイントとして、「経済成長」という言葉を浸透させたことを指摘する必要がある。繰り返しになるが、浅岡［2003］は、閣議決定前後からのメディア言説が、計画の具体的な内容よりも、それによってもたらされるであろう生活革新などの明るい将来像にと関心を移したことが指摘されている。そこでは「経済成長」を肯定的に評価する考え方が受容されていた。その反対に格差の是正に関わる対応策の実効性や市場経済への過剰とも思われる信頼に対する疑義も表明されることは少なくなり、大きな関心を呼ばなくなった。

しかし、国民経済の規模の変化を経済成長率で図ったり、経済社会の発展を経済成長という言葉で表現すること自体、それほど普及していた捉え方ではなかった。今では経済政策についても経済実態についても「経済成長」という捉え方を離れては論じることができないほどに共有されている概念であるが、1950年代後半期まではそ

のような認識はなかった。すでに別のところでふれたように、学術的な書物で「経済成長」を含む書名の書物が登場するのは1955年前後のことであった[36]。

「経済成長」という言葉の新しさは、星野進保『政治としての経済計画』（星野［2003、243〜244頁］）のなかからも確認できる[37]。すなわち、「経済自立5ヶ年計画」の策定された1955年9月の経済審議会において成長率（年率5％）の妥当性について、次のような議論があったことが紹介されている。

一、**発展率**年率五％は高すぎるという議の論拠。
　(b)　戦前の**国民所得の年平均増加率**は約四％であったが、この程度の成長率でもなお且つ戦争やインフレや領土の拡張に支えられ、しかも国際収支の恒常的赤字のもとではじめて可能だったのである。今後の日本経済が戦前を上回る**発展率**を示すとは考えられない。……
　(c)　戦前の財政は公債の発行も多額にのぼり、インフレ的傾向があったが、今後均衡財政を建前として戦前を超える**発展率**をしめすということは考えられない。……
二、計画として年率五％の**発展率**をとることは妥当である。という説の論拠。
　(c)　……五％という**国民経済の上昇率**は最近の好況を反映しすぎているという意見もあるが、年率五％を日本経済の本質的**発展率**と考えることは確かにむりであろうが、今後六ヶ年位の間なら、そのような発展も可能ではなかろうか。

ここから、「発展率」という言葉が委員の間の議論で頻出していることが知られるであろう。当時の代表的な経済学者、エコノミス

トが会同していると考えられる審議会の席上で、「経済成長（率）」はまだ共通語ではなかった。したがって、「経済成長」を目指すことが所得倍増計画の基本的なスタンスであったとしても、それは人びとにとっては耳慣れない言葉であった。「倍増」が意味することがらを解説する記事が必要なのは、自然なことであった。

　この時期に経済政策の立案者たちのなかで目標とされていたのは、経済成長ではなく「完全雇用」であった。「はじめに」でもふれたように、鳩山一郎内閣の「経済自立５ヶ年計画」が政治課題として採り上げたことがきっかけとなって、完全雇用の実現と産業の競争力強化のための生産性向上とを同時達成するために経済規模の拡大を極大化すること、つまり経済成長の追求が政策立案の基本的な処方箋となっていった。技術革新によって労働節約的で生産性の高い設備が導入されることは競争力向上に不可欠であったが、それによって発生する労働力の余剰を吸収しなければ完全雇用の目標には近づくことはできなかったからであった。

　このような政策立案レベルの認識が、「国民の常識」へと転化するきっかけとなったのが所得倍増計画であった。この経過を星野［2003］は、「政治言語としての経済成長」という表題の下に見事にまとめている。以下、星野の捉え方を紹介しよう。

　経済自立５ヶ年計画が最初の政府レベルの経済計画となった後、1957年２月にすでにふれたように社会党は独自の経済５ヶ年計画である「経済建設五ヶ年計画要綱」を公表した。その計画のねらいは、「われわれの生産計画は、平和経済の自立を達成し、国民生活水準を引上げて働きがいのある収入を勤労国民に保障するための全生産部門にわたる総合的な増産計画である。われわれは国民経済全体の成長率（国民総生産の成長率）としては、昭和三六年度までの最初の五ヶ年間は年平均八・四％、次の十年間（昭和四五年度まで）は

年平均一〇％を計画目標とする。現在のおどろくべき科学技術の進歩を生産体のうちに大規模にとり入れ、従来の低い生産性にあえいでいる農業や中小企業もお互いの協力を土台としてこの生産体系に編入し、一方では私企業のムダな競争や巨大資本の反公共的独占を抑制しつつ、われわれはこの目標を実現する」というものであった（星野［2001、245頁］）。

描かれる将来の産業構造が重化学工業化であり、生産性の向上を重視している点では政府計画との距離はなく、その手段として「電力・石炭・鉄鋼・化学肥料・陸海輸送、セメントの六業種に業種別単独事業法を制定」し、「基礎産業の社会化を打ち出し、農業の協業化には農協に期待するなどを主張」するものであった（星野［2001、246頁］）。こうして革新陣営も「経済成長」政策の当否にかかわる政策論争に踏み込んでいくことになった。社会党の経済理論家で、1960年当時長期政策委員長であった木村禧八郎は、「資本主義制度の基本はいうまでもなく自由競争と、搾取と被搾取との生産関係である。社会主義制度の基本は計画的統制と、搾取なき協同的労働にもとづく生産関係である」。「それであるからこそ、同じ物質的条件のもとでは、社会党の成長政策の方が自民党の成長政策より優位に立ち、より高度の成長をもたらしうるのであり」として、池田「国民所得倍増計画」前期３年９％成長に対し、社会党は1961年度からの４ヶ年10％成長の「政治、経済四ヶ年計画」の論陣を張ったという（星野［2001、248頁］）[38]。「計画経済」という点では社会主義政党の方が本家だとの意識があったものと考えられる。

こうしたことから星野は「『一九五五年体制』と呼ばれるものの本質は、およそ一九五五年から七〇年に続く高度経済成長期を、"経済成長論争"を軸に、経済を安定的に維持する政治体制であったといえる。『保守・革新』『改憲・護憲』などは建前の看板であっ

た」と評価している。星野は、このような認識を鶴見俊輔の発想に依拠していることを明らかにしている[39]。鶴見は戦前・戦中には天皇の勅語という文章の形式で「国体観念」に沿った語彙を駆使するのが政治言語の特徴であり、占領期には「天皇の上にある占領軍当局の力を考慮に入れて、米国民主主義政治の言語で政策を表現しようと努力」してきた。それが、「戦時閣僚だった岸信介が総理大臣になった時代が、大きな抗議デモの波に包まれて終わったあとで、かわって登場した池田勇人総理大臣は国体論の語彙と変形規則とはかけはなれた語彙と変形規則とを用いて、経済成長の説明を中心とする施政方針演説を発表した。経済成長、国民総生産、生活水準などが政治言語の主要な語彙」となったと、政治言語の歴史的な変遷を説明している。その現れの一つを、「国民総生産の一％以下に軍事予算を抑えてきた」ことにも見出すことができるというのである（星野［2003、247頁］）。

この鶴見の評価を踏まえて、政治言語としての「経済成長」は、それを語りかけることによって国民に対して、自発的な選択と行動の指針となった。つまり「重苦しい戦前の思い出、悲惨な敗戦、自信喪失の戦後を吹き飛ばす"比類なき表現"を、"経済成長"、五五年体制の"高度経済成長"は与えた」というのである（星野［2001、248頁］）。

星野［2003］は、以上の認識に追加して、石川弘義の生活意識に関わる議論[40]を紹介しつつ、高度成長期に大都市生活の家族の連帯感欠如に伴う不安定感を補うものを消費生活の機能の増大にもとめ、「より豊かな消費生活を」という軸での満足を高度成長期がもたらしていたことを指摘している（同前、250頁）。このような変化が、浅岡が分析したメディアの言説の重心の移行の中で生まれたのである。

政策の正当性を保証するツールとしての「計画」

　政治的言語としての「経済成長」は、国民生活への浸透とともに、政策の正当性の根拠としても用いられることになる。そして、それを具体的に示したのが「経済計画」であった。このような特徴は、すでに鳩山内閣の経済自立5ヶ年計画の時代に発生していた。1950年代の後半には石油化学工業育成5ヶ年計画や鉄鋼合理化計画が樹立されていたが、そうした個別産業の計画立案だけでなく、所得倍増計画のもとでは62年の新産業都市建設促進法と64年の工業整備特別地域整備促進法などの産業立地政策が推進されることになる（前掲表3参照）。そして60年6月に閣議決定されていた貿易・為替自由化計画大綱も倍増計画のもとで改めて確認され推進されることになった。このように「政府の役割」が明示されることによって経済政策諸官庁は、その所管する範囲で積極的な施策の実現に向けて動き出した。

　自由な企業体制と市場機構に委ねることを基本姿勢とする限りで、このような動きは倍増計画の推進にとっては必要なものであったといってよい。しかし動き出したのはそうしたものばかりではなかった。倍増計画の閣議決定に際して作成・決定された「別紙　国民所得倍増計画の構想」が、そのような動きの根拠であった。その代表的なものが、1961年に制定された農業基本法に基づく農業政策であり、62年10月に閣議決定された「全国総合開発計画」であり、63年7月の中小企業基本法であった。

　農工間や地域間、企業間の格差に対処するこれらの政策について、池田首相の基本的なスタンスは、繰り返し紹介してきたように「経済成長こそ、その縮小を可能にするものであると確信しております」(1960年12月12日の所信表明演説、星野［2003、280頁］) というものであった。これに対しては、当時でも批判があった。たとえば長

洲一二は「拡大と発展なくして底辺の水準の引上げが不可能なことは、ある意味では自明である。しかし高度成長は二重構造解消の必要条件ではあっても、十分条件ではない。パイの大きさが大きくならなければ、一切れのパイのパイの大きさを増やすことのできないのは当たり前だが、しかし、各人のパイの取り分は、ナイフの入れ方によって違って来ることも事実である。二重構造を問題にしている人々は、パイを大きくすることに反対しているのではなく、ナイフの入れ方を問題にしているのである」と指摘していた（星野［2003、287頁］）[41]。

このような批判は、事実の問題としてすでに紹介した「国民所得倍増計画中間検討報告」でも受け入れざるを得ない結果となっていた。とはいえ、そうした現実に即してではなく、むしろそうした確認を経る以前に農業基本法や全国総合開発計画が政策として実行に入っていたことが問題なのである。

もちろん、農業基本法は「他産業との生産性の格差が是正されるように農業の生産性が向上すること及び農業従事者が所得を増大して他産業従事者と均衡する生活を営むことができることを目途として」必要な施策を推進するものであった。その原則から見れば所得倍増計画に盛り込まれた考え方に沿っていた。しかし、現実には、農地法などの制約が指摘されながらも全く手がつけられなかったことから、自立した家族経営での生産性の向上や経営規模の拡大は進まず、格差はむしろ拡大した。そのために米価に関わる生産費補償などの政策的な助成が必要となり、経営合理化に資するという名目で多額の資金が投入されることになった。

産業立地政策では、新産業都市の指定をめぐって誘致運動が過熱するなどの弊害が生じた。そして、そうした運動の外に取り残されている人たちに対する総合開発計画による格差是正が目指された。

それは、ゆがんだかたちでの「ナイフの入れ方」に関する争いになった。全国総合開発計画は、倍増計画による重点的な工業開発では過密問題などの外部不経済が生じることから、「開発効果の高いものから順に集中的に」開発する「拠点開発方式」を打ち出していたが、それがこのような結果を生んだ。やや抽象的にいえば、農業問題にしても産業立地にしても、池田が考えていたほどには自律的に解決できる問題ではなく、その限りでは「市場の失敗」を補完するような政策的関与が求められていた。しかし、そうしたなかで実施された諸政策は、農業基本法農政を典型として「政府の失敗」につながった可能性があった。ただし、この救いのないジレンマに見える状況も正確に理解すれば、それは「政府の失敗」というよりは「政治の失策」であったことは吟味されてよいだろう。

　「政治の失策」に関連して重要なことは次のような政策決定過程の問題を考慮することである。「別紙」がこうした争いや新政策に根拠を与えたとしても、それを現実にした契機は、1955年体制の内側にあったように思われるからである。前述のように星野［2003］は、55年体制を「経済成長論争」を軸に、経済を安定的に維持する政治体制と評価している。しかし、そこで見出されている与野党の対立の軸だけでなく、より重要な要素として自民党の政策決定の仕組みを見逃すべきではないだろう。

　保守合同によって安定的な多数を得た自由民主党の政策決定は、それまでとは異なるものとなった。1956年度予算案が4年ぶりに3月中に可決成立するなどの現象は、保守合同の成果と見られた反面で、この予算は「各省、党の分捕りに食荒らされて、かなり無理な内容」と評され、国会に提出される前に、自民党によって大幅な修正を受けた。この例にみられるように、保守合同によって実現する55年体制では、国会提出前の政府・与党間の折衝によって重要法案、

予算案が審議・修正されることが慣例化していた。「自民党は、政府提出法案については、国会提出前にあらかじめ政調会の関係部会、政調審議会、総務会の順序で意見調整の場をもつことを厳格に要求するようになった」のである[42]。

こうした政策決定過程の制度化が進展したことは、国会内における限られた時間内での与野党の論戦以上に、与党内での調整が実質的な意味を持つようになったことを示唆している。そして、それぞれの選挙基盤や関係団体の陳情等を背景として、与党議員が個別の政策内容の修正を求めていくことが常態化する。個別的な利害集団の要求でも「経済計画」に依拠しうる文言を見出す限り正当化されたからである。「族議員」の誕生であった。「別紙」が倍増計画に追加されたのも、このような政策決定過程の特徴を反映していた。そして、それらは深く予算要求とも絡んで「ナイフの入れ方」を争うものであったから、こうした過程を経て実現する結果は、下村が批判的に述べたように「成長の成果を国民のために使うもの」ではなかった。

軽視された社会保障、見過ごされた公害問題

この点は「中間検討報告」が多額の社会資本投資が公共事業として推進されていながらも、経済成長のスピードには追いついていないため、より一層の拡大が必要との認識を示したことにも垣間見ることができる。確かに予想を超える高成長であった。しかし、神武景気に際して生じたようなボトルネックは明瞭なかたちでは発生していなかった。国鉄の輸送力の不備が問題であったとしても、輸送面ではモータリゼーションが進みつつあり、産業発展のための社会資本整備が著しく立ち後れているとは考えにくかった。

しかし、社会資本の整備拡充を求める強い力は、税の自然増収に

よって増大する政府支出の使途を重点的に配分することになる。社会資本投資の増加が、単に歳出の増加にとどまるのではなく、それによって経済的な効率向上に寄与するものであれば、まだ救いはあっただろう。しかし、こうした効果的な社会資本の整備の余地は次第に狭まり、採算性や効率性を無視した公共事業によるばらまきや電源立地に関わる補助金、基地問題に対応する地域への重点的な補助金配分へと拡張していくことになることは、後の歴史が証明している。

その結果、家計部門に対する環境整備が進展しない、財政支出が社会保障費や所得の再配分には向かうところが少ないという予算が組まれ続けることになった。1960年代前半に大蔵省主計局長だった石野信一は、「政府としてはとにかく社会資本のたち遅れで公共事業をやらにゃいかん。……社会保障は非常に貧弱ですから、それを充実していくとか、文教もそうですし、あらゆる面で手を打ちたい、それが均衡財政でやれた」と回想している（エコノミスト編集部［1999、上、77頁］）。大蔵省の予算編成は政策間のバランスが重視されたというのである。しかし、この回想からは政府は重点的に問題に対処するという倍増計画の基本的な考え方が予算編成に十分に活かされていたとは考えにくい。均衡財政を維持しながら、諸官庁や与党議員の求めに応じて小出しに予算をつけることで、大蔵省はその強い権限を維持していたようにさえ読める。その当否はともかく、結果的には「予算のぶんどり」が与党内の政策決定・調整の過程で生じ、その際の活躍の程度が次の選挙の結果につながるような矮小な政治構造が作り出されることになった。倍増計画は、そのような体質をもつ政治の運用に委ねられていた。

その点で興味深いのは、先にもふれた特定産業振興臨時措置法案であろう。この法案は、倍増計画のなかにある「新しい産業秩序」

に関連し、貿易・資本の自由化を控えて倍増計画が求めていた国際競争力の強化のための政策措置を実現しようとの意図で立案された。そして、それは後に「日本株式会社」と批判されるような政府の介入的な関与が強い側面をもつものであった。そのために自由主義的な要求が強い財界からは、「官僚統制の復活」との疑念のもとに反対され、「スポンサーなき法案」と呼ばれた。法案が企図した投資調整などが「新金融方式」として廃案後に実質的には実現されていくことを考慮すると、この法案の運命を決めたのは、それが池田首相が強調し、民間部門が求めていた自由な企業行動への信頼に反するものであったことは間違いない。石坂泰三経団連会長は、保護主義的で政府への依存心の強い考え方を「子供だといっても赤ん坊じゃない。もう学校に上がっている。それなのに乳母車に乗って風車廻して喜んでいていいのか」と批判する自由経済主義者であり、設備投資調整を求めた日本銀行山際正道総裁に、その判断は経営者の仕事で「政府が決める問題ではない」と批判していた[43]。だから、投資調整などの分野にまで政府の役割を認めることは、少なくとも産業政策の分野では受け入れられなかった。

　しかし、これまでの議論との関係で重要なのは、特定産業振興法案の廃案理由がスポンサーがないためだと評されたことにある。見方を変えれば、この時代に与党の農林関係議員とか、中小企業関係の議員とか、建設族とか、そしてその背後にいる業界組織とか、そうしたスポンサーを探すことのできる分野では、政府の役割は拡張可能であり、予算をつけることもできた。所得倍増計画による高成長がもたらす税収の増加は、こうしたかたちで配分されることになった。

　スポンサーがないという点では都市住民を中心として生活環境整備という面での社会資本整備が遅れ、社会保障が不十分なまま放置

され、公害問題が軽視されたのも、同じ条件であった。前述の石野は、予算編成におけるバランスを強調することで社会保障などへも十分な予算配分が行われたかのように回想している。しかし、「中間検討報告」が指摘しているように、「国民所得に対する振替所得の比率は国際的にみて低いが、公共投資の比率は最も高く、しかも急速に高まる傾向」にあった（「報告」47頁）。立ち後れているとはいっても、そのキャッチアップの過程での優先順位では産業関連の施設への投資が最優先され、その比率は先進国並みだったのである。しかし、社会保障に対してはそのような視点からバランスがとれた予算配分は実現されなかった。振替所得の比率は、フランス18.7%、西ドイツ15.9%、イタリア12.2%などと比べると、日本は4.7%に過ぎなかった。

　1961年に国民皆保険、国民年金が実施されたことから、社会保障は池田内閣の政権公約の柱の一つとして緩慢ながら充実の道をたどったことは事実であった。しかし、それは倍増計画の計画段階ですでに関係者の期待に応えるものではなかったばかりか、その実施過程でも十分なものではなかった。有効需要の喚起などの経済成長への貢献という論点が省みられることもなかった。確かに、人々の生活は、経済成長の過程で生じた賃金上昇によって「総中流意識」と評されるような「豊かさ」の水準に達したが、そうした中で取り残された社会的な弱者への配慮は、票になりにくいためにスポンサーがない状況で軽視されたままであった。

　公害問題も同様の運命をたどった。すでにふれたように、「中間検討報告」では公害の発生が指摘され、何らかの対処が必要との認識は書き込まれていた。しかし、そこでは「自己責任」が強調され、発生源企業による自発的な対応が期待されるだけであった。そうした言説のなかでは、公害問題について企業責任を追及する政府の監

視的役割を高めるべきだという意見は省みられる余地はなかったというべきだろう。公害が都市部の過密問題とともに発生していたことから、農村地域を選挙基盤とする与党議員にとって重大な関心事となりにくいこと、他方で労働組合を組織基盤とする野党にとっても、自らの基盤を掘り崩す危険のある公害問題は扱いにくい問題であったに違いない。有機水銀中毒「水俣病」に関して新日本窒素の労働組合は企業防衛の側に立って地域住民と対立しており、組合員は地域の住民であることと発生源企業の従業員であるという二重の存在に引き裂かれていた。公害運動が既存の政党組織とは独立した住民運動として発生し、活発な活動を展開するようになるのは1960年代後半以降のことに属するが、そこにはこうした所得倍増計画に伴う高成長政策がもたらしたひずみの問題を政治的課題にすくい上げることができにくい政治体制の限界が表出していた。革新自治体の登場にも同様の背景があったといってよいだろう。

そして、このような問題が放置され、十分な対策がとられなかったことに対する異議申し立ての声が大きくなっていったことは、自由な企業体制と市場機構に信頼して経済成長を図り、それによって問題を解決するという池田内閣の基本的な考え方に限界があったことを明らかにしている。政治の季節からの転換を図るという意味で優れた政治的なスローガンであったことは認められるとしても、そしてその目指す方向が開放経済体制のもとで自立した国民経済を形成し、そのなかで完全雇用と生活水準の向上を実現することを目標とする手段であったとしても、経済成長は実現すべき目標に対する必要な条件は提供するとしても十分条件ではなかった。そこには市場経済への依存を高めることのもつ限界への配慮が不十分な、素朴な市場原理主義と共通する限界があった。

「経済成長」の現在

　高度経済成長がもたらしたような豊かな消費生活は、1990年代初めのバブル崩壊後に「過剰消費」と評される側面を有しつつ、楽観的な将来像を描くことができなくなった。しかし、そのことは決して不思議ではない。「経済成長」は、それ以前もそれ以後も重要な政治言語として語り継がれているが、豊かさへの希求を保証していた経済成長それ自体は経済実態としては過去の語り継がれる歴史となっているからである。

　もっとも半世紀の間には「経済成長」に込めた内容に明らかな変質がある。所得倍増計画に対抗するように社会党が高成長を目指す独自の計画を公表したことについて、同党の勝間田清一は、計画策定がそれまでの社会党の既定路線の範囲に合ったことを強調しつつも、「戦後の復興計画をずっと見ていますと、かなり自民党との対決姿勢が明確なんですね。ところがこの高度成長政策に対する社会党の対応の仕方は、同じベースの中で量を争うという関係が少し強く出過ぎているんじゃないだろうかと、ぼくはいまでも反省していますね」と語っている（エコノミスト編集部［1999、上、83頁］）。成長率の高さを競うような「量を争う」ことへの傾斜が生じた。社会保障の充実をもっとも必要としている社会的な弱者への対策は、労働組合を組織基盤とする野党からは対案として強く押し出されることは少なく、池田内閣時の倍増計画の推進については、インフレ懸念がむしろ強調されるような構図に過ぎなかった（同前）。高橋正雄（九州大学教授：当時）は、社会主義協会の設立に参加し、あるいは平和計画会議設立（1961年）に参加するなど野党の立場に立っていたが、この所得倍増計画に関わる与野党の対決について、「そのとき、本当の革新勢力なら、経済成長やれといいながら、他方では非常に高い利潤をおさめているところにはかなりの増税をして、

社会資本、環境問題、地域格差問題の解決の方に向ける。社会保障もやるべきです。それなのに革新陣営のほうは、中小企業の組織活動をどれだけやったかというんです」と批判的に振り返っている。

　所得倍増計画の中間検討が行われているころ、下村治は『日本経済は成長する』の「まえがき」で、それまでの日本経済に関する議論が「ありとあらゆる欠点や弱点を並べたてて、その国際的な水準の低さや文化的、社会的、経済的なアンバランスをあざわらい、今にも日本経済が破局に陥るかのようにいいつのる人を見ているとわたくしはアンデルセンの『醜いアヒルの子』という童話を思い出す」と書いている。下村によれば所得倍増計画が推進されるなかで二重構造や所得格差などが経済成長とともに、大方の予測とは異なって解消に向かっており、今や日本は「アヒルの子ではなかった」ことを証明し、「時至れば、見事な雪白の翼をはばたいて、大空高く飛び上がることができることを、ようやく示し始めた」ことを認識することが重要だと書いている（上久保［2008、140頁］）。

　保守も革新も経済構造の後進性意識が強く、その中で経済成長率の高さを競うような政策論争が続いていた。本来的には政策立案の対抗勢力として、成長政策の持つ問題点をえぐり出す批判を展開すべき位置に立つべき勢力がその本来の役割を果たしえなくなっていた。そうした面ではむしろ農業基本法や中小企業基本法、新産業都市建設促進法などを立案し、これを60年代前半の主要な経済政策として実現していった官僚組織は倍増計画をたてに、それぞれの政策の正当性の根拠を「別紙」に求めながら、格差是正問題に視線を向けていた。そして、そうした政策はいくつもの解決すべき独自の課題を抱えて苦闘を強いられていた。下村が言うほどには楽観視する状況にはなく、成長によって総てが解決されていたわけではなかった。

そして池田後継の内閣では、たとえば佐藤内閣の経済社会発展計画が、所得倍増計画に対する単なるカウンタースローガンに過ぎないと評価されたように、実質的な中身も、それに取り組む積極的な意欲もなく、ただ政権の独自性を示すための「成長戦略」に過ぎないものとなった。それは「無定見な高度成長」を追求したものであった（藤井［2012、282頁］）[44]。量を競い、その質を問わないような考え方は、経済成長（率）という政治言語を駆使する上では好都合であった。優劣の比較が簡明であるばかりか、量でははかれない質、構造的な問題などを視野に入れた経済発展の質を問う必要がなかったからである。所得倍増計画が切り開いた時代は、そのような成長至上主義的な性格を強く帯びるようなものとなった。

　所得倍増計画の立案過程で強調されていた企業の旺盛な設備投資意欲とこれを支える技術革新の力は未だ衰えを見せてはいなかったが、他方で豊富な労働力という前提は崩れ始めていた。1960年代の半ばに日本経済は労働力不足経済へと移行し、その質的な向上が求められていたし、そうした側面に注目すれば、広い範囲で勤労者の現実に対して融和的な政策がとられるべきであったかもしれない。そして、それ以上に重大なことは、成長至上主義の起点が、経済構造の近代化・合理化の必要性と完全雇用という課題を両立するための手段であったことを思い起こせば、完全雇用が求められた政治的な選択の先に見えていたのは、福祉国家の建設であり、失業の恐怖からの解放という戦後の西側先進工業国が目指していた経済社会への接近であったことが、経済成長の持続のなかでかすんでしまったことであった。もし高い成長が持続していた佐藤内閣期の1960年代後半に、完全雇用に替えて福祉社会の実現や、豊かな国民生活への取り組みを早期に着手していれば、現在の日本経済に低福祉という困難を来すことはなかったかもしれない。その意味では、「無定

見な経済成長」を追求したことの罪は深いというべきだろう。

　「成長の成果が国民のものとして使われていない」と批判していた下村は、その超高成長論を1970年代には大きく転換し、むしろ経済は「定常状態」、即ちゼロ成長に近づくだろうと予測することになる。筆者はかつて、「五六年の経済白書の表現を借用すれば、八〇年代初めに私たちは、『もはや高度成長の時代ではない。われわれは異なった事態に直面している。成長を通じての豊かさ追求の余地は使い尽くされた。限られた資源のもとで、環境を保全し、節度ある生活を維持するため、分配の公正さが求められる。』と認識すべきだったのだろう」と書いたことがある。しかし、現実にはそうした政策基調の転換は発生しなかった。高橋正雄は「経済成長と技術革新がアヘンの役をした時代」と高度成長期を表現している[45]。経済成長がさまざまな問題を摩擦的に発生しながらも問題を解決する有効な手段となり得るとの観念が浸透し、そこから脱却できないほどに、この麻薬の中毒症状は蔓延している。そして、そうであるが故に、すでに時代錯誤になっているにもかかわらず、経済成長の追求によって昔の夢の再現を果たそうとしており、そのような言説に期待をかける人たちの声が大きいのが現在なのである。

注

1）　武田晴人『高度成長』（岩波新書、2008年）の「はじめに」を参照。
2）　星野進保『政治としての経済計画』日本経済評論社、2003年、243〜244頁。
3）　この証言については藤井信幸も言及しているが、本論のような文脈ではない。
4）　藤井は池田の「月給二倍論」を次のように要約している。「三月に『日経』に掲載された池田の論説の骨子は、次のようなものであった。第一に、日本経済は近年来画期的に強化され、大きな生産力を持ち労働者も

過剰であるが、これに見合う有効需要が足りず、いわゆる供給超過圧力にあえいでいる。第二に、そこで有効需要を起し、供給力―生産力（設備と労働力）を十分に働かせて、強くなっている日本の経済力をもっともっと伸ばすべきだ。『国民経済が成長しようとしているのに』政府が財政黒字を累積させて『無理に押さえている』。また、宏池会の機関誌『進路』に掲載された池田論文では、『経済政策の要諦』として、『国土、資源開発のための輸送通信、特に道路、港、工業用水、治山治水、特に科学技術の振興、その他学校、研究施設、衛生施設の改善充実などのいわゆる社会的間接投資を積極的にやることと、金利を引き下げ減税を行い各種の統制や制限をできるだけやめて、民間の自主的な創造力発展力を、その聡明な判断と真剣な努力によってフルに活動させるようにすること』、そのために『全国民の全知全能を最大限に発揮できる体制』、つまり『自由競争を建前とする市場経済体制』を作ることを訴えた」（藤井［2012、208〜209頁］）。

5）　この点の原資料は『日本経済新聞』1959年8月17日とされている。
6）　原資料は『日本経済新聞』1959年6月29日。なおこれに関連して、藤井は、後継者争いで池田のライバルとなる佐藤栄作は、「経済政策はともかく着実に一歩一歩進めて安定成長を遂げることがいちばん大切」と語ったのに対して、池田は「経済の成長は早いにこしたことはない」と述べたことを紹介している。
7）　この作業は、上記の方法論研究会の検討とともに、経済企画庁のなかで、進められていた20年先の日本経済の将来像を描いてみる必要性に関わる基本構想の検討作業に基づいていたとされている（明石［2001、v頁］）。
8）　この企画庁の考え方は、当時の報道でも確認できる。すなわち、1959年6月9日の『日本経済新聞』では、企画庁自身は、「経済十ヶ年計画」の作成に慎重であり、十分準備を行った上で作業は来年から開始したいとの意向であると報じられている（明石［2001、viii頁］）。
9）　この計画については、明石［2001、viii頁］も参照。
10）　なお、この試案について伊藤［2012、74頁］は、「中期的経済政策に関する問題点（試案）」と書いているが、本稿では明石［2001］に従った。
11）　原資料は『日本経済新聞』1959年9月26日。
12）　原資料は『朝日新聞』1959年10月9日。

13) 原資料は『日本経済新聞』1959年10月17日。
14) 原資料は『日本経済新聞』1959年10月17日。
15) 原資料は『東洋経済新報』1959年10月24日号、18頁。
16) なお関連して、経済審議会が前年から検討していた長期展望については、1年ほどの検討結果が、同じ5月19日に『日本経済の長期展望——20年後の日本経済』として経済審議会長期展望部会から公表されている。ただし、それは「ソ連では、15年間のうちにアメリカに追いつき、追いこすといい、大陸中国も、15年間にイギリスを追いこすといっている。日本が20年後にやっと今の西ドイツなみ、その間に相手はずっと引き離しているというのでは、なにか、ハリ合いが抜けてゆくというものだ。しかも、この控え目な夢さえ、どうやって実現してゆくのか、という政策や方法が示されていないのだから、国民にはちっとも説得力をもたない。この展望は、『国民よ、いたずらに夢を追うべからず』という皮肉のつもりであったのだろうか」（『週刊朝日』1960年6月5日、23頁、近藤文二「所得倍増計画と社会保障——わが国における社会保障の問題点」『生命保険文化研究所所報』第7巻1号、26～27頁からの再引用）と揶揄されるようなものであった。
17) 下村と大来は、1959年に成長率をめぐり都留重人などを交えて論争していることはよく知られている。そのために大来は下村との考え方の違いを十分に認識していたと考えられよう。なお、下村治の理論についての紹介としては上久保［2008］のほか、堀内行蔵『下村博士と日本経済』日本政策投資銀行設備投資研究所、2007年がある。
18) 原資料は、宮崎勇『証言　戦後日本経済』岩波書店、2005年、140頁。
19) 伊藤［2012、77頁］によると、「政府公共部門部会長からは租税負担率をあげないという前提では各小委員会が考えている公共投資計画に応じることができず、重点化とともに税制・財政の点で考慮して欲しいこと、民間部門部会長からは自由経済の観点から、政府には隘路の問題、金融・税制について要求的な答申を出したい意向があり、これに対応して公共投資に対応した公債発行の可否、一部の重要物資で物価の変動が大きいこと、成長制約要因として輸出の動向が問題であることなどの意見が出された」という。
20) ただし、迫水が9％を受け入れていたことは、藤井（［2012、238頁］）によれば『日本経済新聞』9月4日の記事で明らかにされているようで

あるから、迫水はすでに腹を決めたうえで下村と大来の会談に同席したことになる。
21) 下村は次のようにいう。「たとえば七・二％計画として決めますと、七・二％を超えるものは何だということになる。超えるものは抑えるのか抑えないのか。超えることを促進するのかしないのか（笑）」（エコノミスト編集部［1999、上、27頁］）。
22) 『経団連週報』No.478（1960年12月28日号）参照。
23) 都村敦子「経済計画の変遷と社会保障」『季刊社会保障研究』第3巻2号、1967年、61頁。
24) 前掲近藤文二論文、22頁。近藤によれば、公共投資についてはむしろ受益者負担を考慮すべきであり、財政の役割としては社会保障が重視されるべきだと主張したが、これは計画本文に反映されることはなかったという（56頁）。
25) 通商産業省・通商産業政策史編纂委員会編『通商産業政策史』第10巻（第Ⅲ期 高度成長期(3)）、通商産業調査会、1990年、50頁参照。
26) いうまでもないことだが、下村にとっては成長率の予測が的中するかどうかなど重要な関心事ではなかったであろう。
27) このような作業は、本文でもふれたような計画と実績の乖離という具体的な問題が生じたためというだけではなく、そもそも倍増計画が、「計画の取り扱い」に関して、「毎年、この計画を指針として、翌年度の経済運営の基本的態度を含む計画大綱を樹立し、長期計画の着実な実現を期すること」を求めていたこと、それによって機動的で弾力的な運用を求めていたことが反映してると考えられる。
28) ここでも、倍増計画ではなく倍増論であることは、この研究会が計画的な考え方から距離を置いていたことを示唆している。
29) これについては、前掲『通商産業政策史』第10巻参照。なお関連する文献として大山耕輔「現代日本における行政指導の政治構造——新産業体制論と特振法案に焦点をあてて」『社会科学研究』第40巻6号、1989年、呂寅満「1960年代前半の産業政策」武田晴人編『高度成長期の日本経済』有斐閣、2011年がある。
30) 経済審議会編『国民所得倍増計画中間検討報告』1968年6月19日。なお分科会報告では、産業構造分科会の報告は、鉱工小分科会、民間設備投資小分科会、中小企業流通小分科会、農林漁業小分科会の4小分科会

に分けて報告がまとめられており、検討がそのようなかたちで進められたことが知られる。

31) 人材育成については、1960年10月に科学技術会議が「10年後を目標とする科学技術振興の総合基本方策について」を提言し、これが倍増計画にも反映されていたと考えられるが、1961年春には理工系学生増員計画が2万人に増員されて推進されていた。これについては、伊藤彰浩「高度成長期と技術者養成教育」『日本労働研究雑誌』第634号、2013年参照。
32) 前掲『国民所得倍増計画中間検討報告』6頁、第2図参照。
33) 浅岡隆裕「『所得倍増』をめぐる雑誌メディア言説についての実証研究」『応用社会科学研究』第45号、2003年。
34) 『経団連月報』1960年9月号、10〜11頁参照。
35) 原資料は、『読売新聞』1960年9月27日の記事。
36) 武田晴人『高度成長』(シリーズ日本近現代史⑧)、岩波書店、2008年、1頁。
37) 星野進保『政治としての経済計画』日本経済評論社、2003年。
38) 原資料は「『政治・経済新計画』の基本構想──自民党の、"成長理論"に対決する」『月刊社会党』1960年11月。
39) 星野が参照している文献は、鶴見俊輔『戦後日本の大衆文化史一九四五〜一九八〇年』岩波書店、1984年)である。
40) 参照されているのは、石川弘義『都市における消費者の意識と行動』国民生活研究所、1965年である。
41) 長洲の批判の原文は、長洲一二「高度成長と二重構造」『経済評論』1960年12月号。
42) 武田晴人［2008］24〜26頁。
43) 城山三郎『もうきみには頼まない』毎日新聞社、1995年、166頁。
44) この表現は、沢木耕太郎『危機の宰相』魁星出版、2006年からの藤井による引用。
45) 「アヘン」「麻薬」という経済成長の評価の仕方は、高橋によると「だれかがいったように」ということなので、高橋自身のオリジナルなものではないようである(エコノミスト編集部［1999、上、91頁］)。

資料編

国民所得倍増計画

経済企画庁編

凡　　例（本書収録に際して）

※アンダーラインは「閣議決定」と「答申」との相違を指摘する巻末「相違表」と照合しやすくするために付した。
※〔　〕は原本への書き込みで訂正された部分。なお、明らかな誤字・脱字は訂正した。

目　　次

国民所得倍増計画

国民所得倍増計画に関する件（昭和35年12月27日閣議決定）
国民所得倍増計画の構想

第1部　総　　説
- 第1章　計画作成の基本態度
- 第2章　計画の課題
- 第3章　目標年次における経済規模と構造

第2部　政府公共部門の計画
- 第1章　計画における政府の役割
- 第2章　社会資本の充足
- 第3章　人的能力の向上と科学技術の振興
- 第4章　社会保障の充実と社会福祉の向上
- 第5章　財政金融の適正な運営

第3部　民間部門の予測と誘導政策
- 第1章　民間部門の地位
- 第2章　貿易および経済協力の促進
- 第3章　産業構造の高度化と二重構造の緩和

第4部　国民生活の将来
- 第1章　雇用の近代化
- 第2章　消費水準の上昇と高度化
- 第3章　国民生活の将来

〔付　録〕
1. 内閣総理大臣から経済審議会会長への諮問
2. 経済審議会会長から内閣総理大臣への答申
3. 「閣議決定」と「答申」との相違一覧表
4. 委員・専門委員名簿

国民所得倍増計画に関する件

昭和35年12月27日

閣　議　決　定

　政府は、別冊「国民所得倍増計画」をもつて、昭和32年12月17日閣議決定の「新長期経済計画」に代えるものとするが、今後における経済の運営にあたつては、内外経済の実勢に応じて弾力的に措置するものとし、とくに、別紙「国民所得倍増計画の構想」によるものとする。

別　紙

国民所得倍増計画の構想

（1）計画の目的

　国民所得倍増計画は、速やかに国民総生産を倍増して、雇用の増大による完全雇用の達成をはかり、国民の生活水準を大幅に引き上げることを目的とするものでなければならない。この場合とくに農業と非農業間、大企業と中小企業間、地域相互間ならびに所得階層間に存在する生活上および所得上の格差の是正につとめ、もつて国民経済と国民生活の均衡ある発展を期さなければならない。

（2）計画の目標

　国民所得倍増計画は、今後10年以内に国民総生産26兆円（33年度価格）に到達することを目標とするが、これを達成するため、計画の前半期において、技術革新の急速な進展、豊富な労働力の存在など成長を支える極めて強い要因の存在にかんがみ、適切な政策の運営と国民各位の協力により計画当初3ヵ年について35年度13兆6,000億円（33年度価格13兆円）から年平均9％の経済成長を達成し、昭和38年度に17兆6,000億円（35年度価格）の実現を期する。

（3）計画実施上とくに留意すべき諸点とその対策の方向

　経済審議会の答申の計画は、これを尊重するが、経済成長の実勢はもとより、その他諸般の情勢に応じ、弾力的に措置するとともに、経済の実態に即して、前記計画の目的に副うよう施策を行わなければならない。とくにこの場合次の諸点の施策に遺憾なきを期するものとする。

　（イ）農業近代化の推進

　　　国民経済の均衡ある発展を確保するため、農業の生産、所得及び構造等各般の施策にわたり新たなる抜本的農政の基底となる農

業基本法を制定して農業の近代化を推進する。

　これに伴い農業生産基盤整備のための投資とともに、農業の近代化推進に所要する投融資額は、これを積極的に確保するものとする。

　なお、沿岸漁業の振興についても右と同様に措置するものとする。

(ロ) 中小企業の近代化

　中小企業の生産性を高め、二重構造の緩和と、企業間格差の是正をはかるため、各般の施策を強力に推進するとともにとくに中小企業近代化資金の適正な供給を確保するものとする。

(ハ) 後進地域の開発促進

　後進性の強い地域 (南九州、西九州、山陰、四国南部等を含む。) の開発促進ならびに所得格差是正のため、速やかに国土総合開発計画を策定し、その資源の開発につとめる。さらに、税制金融、公共投資補助率等について特段の措置を講ずるとともに所要の立法を検討し、それら地域に適合した工業等の分散をはかり、以つて地域住民の福祉向上とその地域の後進性克服を達成するものとする。

(ニ) 産業の適性配置の推進と公共投資の地域別配分の再検討

　産業の適性配置にあたつては、わが国の高度成長を長期にわたつて持続し、企業の国際競争力を強化し、社会資本の効率を高めるために経済合理性を尊重してゆくことはもとより必要であるが、これが地域相互間の格差の拡大をもたらすものであつてはならない。

　したがつて、経済合理性を尊重し、同時に地域格差の拡大を防止するため、とくに地域別の公共投資については、地域の特性に従つて投融資の比重を弾力的に調整する必要がある。これにより経済発展に即応した公共投資の効果を高めるとともに、地域間格

差の是正に資するものとする。
(ホ) 世界経済の発展に対する積極的協力

　生産性向上にもとづく輸出競争力の強化とこれによる輸出拡大、外貨収入の増大が、この計画の達成の重要な鍵であることにかんがみ、強力な輸出振興策ならびに観光、海運その他貿易外収入増加策を講ずるとともに、低開発諸国の経済発展を促進し、その所得水準を高めるため、広く各国との経済協力を積極的に促進するものとする。

第1部　総　　説

第1章　計画作成の基本態度

1．計画作成の意義

　昭和32年末に閣議決定した「新長期経済計画」が実行に移されてから、3年近い年月が経過した。この間、日本経済は世界にも類例の少ない高度の成長をとげ、35年度の国民総生産は13兆円以上にのぼるものと推定され、実質額で10年前に比べて2.4倍、5年前に比べて1.5倍の水準に達する。

　この間の成長率を振りかえつてみると、22～27年度で年率11.5％、28～34年度で8.3％で、「新長期経済計画」の策定した成長率6.5％を上回つており、わが国の経済成長力が当時想定されたものより大きかつたことを示している。この成長の過程において、つぎの三点が注目される。

　第一に、これまでの見解によれば、戦後わが国経済の高い成長率は、いわゆる戦後回復要因にささえられた面が強く、時を経るにつれて成長率は鈍化するとされていたものであるが、事実は終戦後15年たつた今日でもなお、34年度は17％、35年度も10％前後というような高い成長が引きつづき維持されている。

　第二に、このような高成長にもかかわらず、貯蓄投資のバランスもくずれず、物価水準も比較的安定的に維持され、「新長期経済計画」の基準年次である、31年度以降34年度まで総合物価は0.6％の上昇にとどまっている。また、成長のあい路になるものと危ぐされた国際収支も赤字を生ずることなく、かえつて今日では16億ドルに達する外貨を蓄積するにいたつている。

第三に、このような高い成長の結果、産業構造は「新長期経済計画」の想定以上の早い速度で高度化しており、なかでも機械工業を先頭にした工業の発展には目ざましいものがあり、技術革新にともなう設備投資も高い水準で行なわれた。

　このように、わが国経済はようやく戦後段階を終わりつつ、新たな発展段階を迎えようとしているのであるが、同時に経済環境にも変化がおころうとしている。その一つは、技術革新と近代化の深化である。戦後、とくに昭和31年以降の著しい技術革新は、わが国経済の体質改善を促し、生産力の著しい増強をもたらした。今後の技術革新は、経済効果としては、これまで特定の産業ないし特定の企業に限られたものが、漸次中小企業等広く関連産業に波及するとともに、消費生活の上にも大きな影響を与えることになろう。

　第二は、わが国人口動態の変化である。これまで豊富で、それゆえ、また低賃金をもたらす原因ともなつてきたわが国の人口は、漸次少産少死の先進国型に移りつつあり、総人口は戦前と比べてわずかな増加にとどまつている。ただ新規労働力の対象となる15歳以上の生産年齢人口については事情が若干異なり、終戦直後のベビーブームを反映して計画前半期における増勢は150～180万人近くにも達する。ところがそれも40年以降は一転して急速に減少しはじめる。（第1表）すなわち、計画前半期にはいわゆる不完全就業者の存在もあり、なお人口圧力は強いが、後半期においては、すでに現在特定の産業ないし地域にあらわれつつある労働力、とくに若年労働力の不足が全般的なものとしてあらわれる可能性がでてきている。

　第三は、国際環境の変化である。世界貿易は実質額で過去10年（1950～59年）6.2％というきわめて高い成長率を示した。この速度は若干の鈍化をまぬがれないにしても、今後10年間ぐらいは年平均4.5％程度の上昇を期待しえよう。そしてその過程を通じて、先進国の国際経済状況はいつそう正常化に向かい、その国際収支も一段と安

第1表　将来人口

(単位：1,000人)

年　次	総人口 実数	総人口 対前年増加数	生産年齢人口（15歳以上人口）実数	生産年齢人口（15歳以上人口）対前年増加数
昭和31～33年	91,118	910	62,174	1,341
34	92,944	937	64,866	1,368
35	93,900	956	65,872	1,006
36	94,850	950	66,754	882
37	95,768	918	68,431	1,677
38	96,644	978	70,222	1,791
39	97,473	829	72,011	1,789
40	98,245	772	73,548	1,537
41	98,998	753	74,904	1,356
42	99,762	764	76,106	1,202
43	100,554	792	77,171	1,065
44	101,379	825	78,109	938
45	102,216	837	79,019	910

(注) 1. 生産年齢人口の年平均増加率　　35～40　　2.2%
　　　　　　　　　　　　　　　　　　　40～45　　1.5%
　　　　　　　　　　　　　　　　　　　35～45　　1.9%
　　2. 厚生省人口問題研究所35年4月1日推計による各年10月1日人口。

定の方向に向くものと思われる。一方、後進国においては、工業化の進展にもかかわらず、その貿易は相対的に遅れを示すことになろう。前者はわが国の為替貿易の自由化を促進することになろうし、後者はわが国のこれら諸国に対する経済協力の必要性をこれまで以上に高めることになるであろう。また、東西貿易も今後次第に正常化し、わが国の対共産圏貿易も正常な取引関係をもつようになるであろう。

　このように、今後内外の経済環境に基調変化があるので、このような条件のもとでさらに高度成長を維持するためには、新たな長期経済計画を作成し、これにもとづいてわが国の成長能力を積極的に培養するとともに成長の阻害要因を除去し、国民の意欲と活力を生かして広い意味での国富を充実しつつ、わが国の経済を新たな事態に適応させるよう改変していく必要がある。

2. 計画の性格

　将来の経済についての構想や計画を立てて政策運営の指針とすることが今日多くの国で行なわれているが、その性格はそれぞれの国の経済体制や経済条件によつて異なつている。わが国の経済計画は、自由企業と自由市場を基調とする体制のもとで行なわれるものである。それは必ずしも経済の全分野にわたつて詳細な計画目標をかかげ、その一つ一つに厳格な実行を強調するものではない。それは経済運営の指針となるべきもので、この点はこの新たな計画もこれまでの経済計画と基本的性格において変わりはない。

　しかし、今回の計画を従来の計画より一歩前進させ、より有意義たらしめるために、計画作成に当たつて、従来のように部門別に網羅的な計画をつくることをせず、計画のポイントになる事項を重点的にとりあげることとした。

　このような観点から、この計画では経済活動の分野を二つにわけ、主として国が直接の実現手段を有する政府公共部門については、具体的で実行可能性のある計画を作ることとし、基本的にその活動を企業の創意と工夫に期待する民間部門については、予測的なものにとどめ、必要な限りにおいてのぞましい方向へ誘導する政策を検討した。

　この結果、これまでの計画が産業や貿易などの物的側面を中心にした産業計画的色彩をもつていたのに対し、この計画では、より広く社会資本とか教育とか社会保障といつたような社会的側面も重視することとした。

3. 計画の取扱い

　この計画はこれからの経済運営の指針となる総合的な長期経済計画であるから、これを効果あらしめるためには、今後はもちろん、これまで立てられた個別的な各種の主要政府長期計画はこの計画の線に沿

つて調整する必要がある。

　また、この計画は年々短期的な経済運営の方針に対し、長期的成長の観点からの位置づけを行ない、必要とされる施策の方向を明らかにする基準としての意味をもつものである。したがつて、毎年この計画を指針として、翌年度の経済運営の基本的態度を含む計画大綱を樹立し、長期計画の着実な実現を期することがのぞましい。もちろん、現実の経済には景気変動があり、またわが国経済は海外事情に影響されるところが大きいので、その実施が機械的、硬直的になることをさけ、計画の基本的態度をくずすことなく景気に対し弾力的、機動的でなければならない。

　さらに、現実の経済において内外の経済諸条件がこの計画で想定した以上に好転する場合には、この計画のかかげる目標が計画期間内に到達されることもありえよう。もし、そのような事態が、経済や社会の安定をくずすことなく、かつ将来の成長力をそこなうことなく実現するならば、わが国経済にとつて好ましいことであり、成長を抑制する必要はない。ただ、この計画の目標達成は、以下に述べるように相当の政策的努力を必要とするものであり、また高い成長がわが国の当面する諸問題の解決に資する面があることは事実であるが、他面あまりにいきすぎると急激な変化にともなつて社会な摩擦を生ずるおそれもあるし、また持続的な成長の可能性をそこなう危険を生ずることもありえよう。

　このような点で、この計画は経過年次においてつねに計画の企図したところと経済の実勢とは対比されるべきで、その結果必要な場合には計画の再検討が行なわれるべきであろう。

第2章 計画の課題

1. 計画の主要目的

 この計画の窮極の目的は、国民生活水準の顕著な向上と完全雇用の達成に向かつての前進である。そのためには、経済の安定的成長の極大化が図られなければならない。

 このような観点から、この計画では、成長を軸に安定を必要条件と考え、以下の諸点を計画の中心的課題としてとりあげる。

 第一は、社会資本の充実である。戦後の急速な経済成長は過去に蓄積された外部条件の上になされてきたが、28年ごろから経済規模が戦前水準をこえ、さらにその後も高成長がつづいたため、道路、港湾、用地、用水等の社会資本が、生産資本に対して相対的に立ち遅れ、成長のあい路となつている。したがつて、今後は公共投資等を通じこれら部門の量的質的向上を図ることが重要な課題となつている。また、国民生活の面においても公共的な施設やサービスに依存する面が、私的な消費に比べて立ち遅れが目立つてきているので、生活環境、文教、レクリエーション、交通等の社会的施設の拡充に努め、健康的な国民生活の内容充実に役立てなければならない。

 これら社会資本の充実は産業と生活の基盤を強化するとともに、雇用と所得を拡大することによつて経済成長に役立つであろう。

 この場合、従来のわが国における基盤施設投資はがいして計画の構想が小さく、短期に施設の取り替えや、事業のやりなおしを必要とする場合が多い。そのため多年の高い投資率にもかかわらず、有用な資産としての国富が、諸外国に比べて著しく貧弱なうらみがあつた。戦後の回復段階を終えた今後の10年については、目前の応急的な効果にのみとらわれることなく、つとめて長期的観点に立つて、将来におけるより充実した国富を実現するための投資に意を用いるべきである。

第二は、産業構造高度化への誘導である。経済成長にともなう購買力の増大は、財貨およびサービスに対する需要を喚起するが、その需要増加の度合は相対的にみて第1次産業の生産物より第2次産業の生産物ならびに第3次産業のサービスに対する方が高く、第2次産業の中でも重化学工業製品に対する需要が相対的に大きくなる傾向にある。一方、将来の技術革新のテンポや人口および労働力のすう勢や自由化体制への移行等を考えると、国民経済全体の生産性を引き上げることが強く要請される。この要請にこたえるには、個々の企業あるいは個々の産業の生産性をあげると同時に、産業構造の比重を生産性の低い部門から高い部門に移すことが必要になつてくる。すなわち、生産、需要の両面から産業構造を高度化させる強い要請があり、その方向への誘導がこの計画にとつての大きな課題となつている。

　第三は、貿易と国際経済協力の促進である。国際収支の限界は、戦後これまでの経済成長を制約してきた。この制約度合は、今後の生産性向上にもとずく輸出競争力の強化によつて減少する可能性はあるが、天然資源の不足がつねにかなりの規模の輸入を不可欠にしているわが国経済の性格からみて、依然大きいものがあろう。その意味で輸出を中心とした外貨収入の拡大がこの計画達成のための重要な鍵となつている。さらに、低開発諸国の経済発展を促進し、その所得水準を高め、あわせてその輸入購買力の拡大と資源供給力の増加を図るという立場から、これら諸国との経済協力を積極的に進めなければならないという課題である。

　第四は、人的能力の向上と科学技術の振興である。最近の科学技術の著しい進歩は、生産設備への投資の増加、新製品・新機械の創出、耐久消費財の需要増加にみられる消費水準の向上等を通じて経済成長と産業の近代化に大きく貢献した。このような技術革新は今後ともつづくものと思われるが、それが経済のあらゆる部門にしん透し、かつ国民生活の向上に役立たせる必要性が益々強まつている。このような

科学技術の急速な進展と産業構造の高度化、さらには今後予想される労働力の推移等を考えると、これまではややもすれば経済問題と切り離して考えられてきた教育・訓練・研究等人間能力の開発問題を、経済成長との関連において積極的にとりあげる必要が生じている。今後の経済進歩と社会福祉の向上は、国民能力の有効な利用に大きくかかつているのである。

　第五は、二重構造の緩和と社会的安定の確保という課題である。わが国経済の多年の懸案である二重構造の緩和は、近年の高い成長によつてその解決へのしょ光がきざし、今後も高成長が引きつづき行なわれるならば、それだけにその解消にも近づくことになろう。しかし、この問題はわが国経済社会に根深い基盤をもつものであり、成長が高ければ自然に解消していくというものではない。経済成長にともなう構造変化に即応するように人口の流動性を高め、産業間の労働力移動を推進するという課題を果さなければ、成長にともなつて雇用の機会が生ずるにもかかわらず、失業や不完全就業が残るということになろう。また、成長にとり残される部門については、社会的緊張の緩和という点で特別の考慮を払うことが要請される。そして雇用の改善とはただ単に増加労働力の吸収だけでなく、とくに低所得者層を積極的に解消していくことであることを強調しておく必要がある。このような点で社会保障の充実と社会福祉の向上が、今日ますます重要な課題となつてきている。それらは経済の成長を促進するばかりでなく、近代福祉国家としての義務を果すことでもある。

　以上のような課題にこたえるとともに経済の安定成長を確保するため財政金融の適正な運営がなされなければならない。とくに、自由化体制への移行などに関連して財政金融政策の地位は、いつそう重視されるべきものとなつている。この際、経済成長のための資金供給確保と景気変動幅の縮少という要請から、その運営は前向き機動的であるとともに、経済の長期的成長力を培養する方向をとらなければならな

い。

2. 計画の目標

以上のような計画の目的を実現するため、国民経済の規模を今後およそ10年間に実質価値で倍増することを計画の目標とする。

この計画目標の実現の過程で、前述のわが国に課せられた多くの課題を果していくことが必要であり、かつ、可能であると考える。

国民総生産の規模の倍増を今後10年間に実現する場合の主要経済指標は第2表の通りである。

第2表 主要経済指標

項　　　目	基準年次 (A)	目標年次 (B)	(B)/(A) (%)
総人口　　　　　　　　　　（万人）	9,111	10,222	112.2 (0.9)
15歳以上人口　　　　　　　（万人）	6,217	7,902	127.1 (1.9)
国民総生産　　　（33年度価格億円）	97,437	260,000	266.8 (7.8)
国民所得　　　（　〃　　　　）	79,936	213,232	266.8 (7.8)
同上国民1人当たり（　〃　円）	87,736	208,601	237.8 (6.9)
個人消費支出　（　〃　　億円）	57,979	151,166	260.7 (7.6)
同上国民1人当たり（　〃　円）	63,636	147,883	232.4 (6.7)
国内総資本形成（　〃　　億円）	29,470	82,832	281.1 (8.2)
鉱工業生産水準	100.0	431.7	431.7(11.9)
農林水産業生産水準	100.0	144.1	144.1 (2.8)
就業者　　　　　　　　　　（万人）	4,154	4,869	117.2 (1.2)
雇用者　　　　　　　　　　（　〃　）	1,924	3,235	168.1 (4.1)
国内貨物輸送　　（億トンキロ）（33年度）	975	2,173	222.9 (6.9)
国内旅客　　　　（億人キロ）（　〃　）	2,109	5,082	241.0 (7.6)
総エネルギー需要（石炭換算1000トン）（34年度）	131,815	302,760	230.0 (7.8)
輸出　　　　　　　（100万ドル）	2,687	8,485	315.8 (9.3)
［同上通関ベース］　　　　（　〃　）	2,701	9,320	345.1(10.0)
輸入　　　　　　　　　　　（　〃　）	2,549	8,080	317.0 (9.3)
［同上通関ベース］　　　　（　〃　）	3,126	9,891	316.4 (9.3)

（注）　(B)/(A)欄（　）内は年率を示す。
〔備考〕　基準年次には、計算上の基礎年次として31〜33年度平均のものを、また、価格は33年度価格を用いた。以下基準年次という用語は、すべてこの意味に用いられている。

第1部 総　　説

第3章　目標年次における経済規模と構造

1．経済水準と成長率

　この計画が到達目標とする10年後の国民総生産26兆円（昭和33年度価格）は、昭和35年度の国民総生産の2倍の大きさである。これを終戦翌年の21年度のそれに比べると約7倍の大きさに相当する。

　昭和45年度（以下目標年次という）の国民所得は21.3兆円で、1人当りの国民所得は20.8万円、（579ドル）となる。ちなみに、1957年の1人当り国民所得は西ドイツ、フランス742ドル、イタリア404ドルで、ドル換算上の問題を別にすれば、10年後のわが国の経済水準は現在の西欧より若干低いところに相当する。

　年々の経済には、内外の経済条件の変化によつて景気変動があることはまぬかれず、経済成長は必ずしも今後10年間毎年平均的な成長率を示すものではなく、また必ずしもその必要もない。さらに、今後の新規労働力の供給推移や生産性向上の要請に対応する資本増加量の推移から考えると成長率は、計画の前半期において高く、後半期においてやや低くなるというようにある程度の屈折をする可能性が強い。当面する社会資本の充実ということとも関連して、前半期はある程度成長を犠牲にしても、将来の拡張の基盤を強化すべきとの議論もあるが、当面の雇用面からの圧力を考えると、成長と基盤強化はある程度並行して進むべきであると考えられる。

　以上のように、実際には年々の成長率には高低があるものと考えられるが、31〜33年度平均（以下基準年次という）の水準からみるとこの計画の成長率は7.8％である。この率は最近の高い成長率に比較すると若干低いが、それでも諸外国の成長率はもちろん、高いといわれた戦前のわが国の成長率を相当上回る高いものである。

2. 経済構造

目標年次における総供給の大きさとその構成は第3表の通りである。

産業別国民所得では、需要に対する所得弾力性あるいは生産性の差異を反映して、第1次産業（農林水産業）の伸びが基準年次から年率2.8%で最も低く、第2次産業（鉱工業、建設業）が9%と最も高い。第3次産業は商業、サービスその他が8.2%、運輸、通信公益事業は8.8%の伸びになつている。

構成比でみると、第1次産業は18.8%から10.1%に激減し、それに反し第2次産業は33.3%から38.6%に増加している。このことは第2次産業の拡大が経済発展の主軸をなしていくことを意味している。

これに対応する国民総支出の大きさと構成は第4表の通りである。総投資率は31.9%と基準年次をやや上回るが、最近の高い投資率からみるとやや低下する。

投資のうち、その約半分は企業設備投資である。投資の中では行政投資と個人住宅投資の増加を大きく見込み、とくに行政投資については、社会資本充足の要請にこたえるべく、経済成長率を上回る伸び率を見込み、国民総生産に占める比率も基準年次の5.6%から目標年次

第3表 供給構造 (33年度価格 単位：億円)

項　目	基準年次	目標年次
総 供 給	110,518	297,269
国民所得	79,936 (100.0)	213,232 (100.0)
第1次産業	14,995 (18.8)	21,614 (10.1)
第2次産業	26,648 (33.3)	82,411 (38.6)
第3次産業	30,243 (37.8)	84,719 (39.8)
運輸、通信、公益事業	8,050 (10.1)	24,488 (11.5)
調整項目	17,499	46,768
海外支出	13,083	32,269〔37,269〕

(注)　( )内は構成比を示す。

第1部 総　　説

第4表　需要構造 (33年度価格　単位：億円)

項　　目	基準年次	目標年次
総 需 要	110,518	297,269
総 消 費	67,833(69.6)	174,844(67.2)
（個人消費）	57,979(59.5)	151,166(58.1)
（政府消費）	9,854(10.1)	23,678(9.1)
総 投 資	29,470(30.2)	82,832(31.9)
（企業設備）	17,832(18.3)	43,748(16.8)
（行政投資）	5,505(5.6)	20,593(7.9)
（個人住宅）	2,062(2.1)	9,926(3.8)
（在 庫 増）	4,071(4.2)	8,565(3.3)
海外受取	13,216	39,593

(注)　(　)内は対GNE比率である。

には7.9％にまで高めることとした。個人住宅投資も目標年次において9,926億円、国民総生産に対する比率は現在の2％台から3.8％と西欧に近い水準に上昇することを見込んだ。在庫投資は、流通機構の改善等を織込んで、目標年次において8,565億円、国民総生産の3.3％にとどめた。

　消費は、戦後これまでも成長をささえるうえに大きな貢献をしてきたが、どちらかといえば経済成長より立ち遅れてきた。しかし、今後は供給力の増加に対応して、政策投資とともに消費支出を増大させる必要があるが、このことはまた国民生活の向上のためにも不可欠である。この計画では個人消費支出は10年後には15兆円を超過することになり、国民総生産に占める比率は34年度より若干上昇するものと考える。政府消費は国民総支出に対する割合を9.1％とする水準におさえることとした。この結果、目標年次における総消費が総支出に占める割合は67.2％になつた。

　つぎに就業構造であるが、35年度から目標年次までの11年間における非1次産業雇用者の規模は、1,079万人の増加となり、これに交替

補充分を加えると1,969万人の需要増となる。これに対する学校卒業者の労働供給は1,703万人になると考えられ、差引266万人は第1次産業からの移動（243万人）と非1次産業の個人業主、家族従業者からの転用（23万人）によつて満たされなければならない。他方第1次産業と非1次産業の個人業主、家族従業者は、若干の新規供給があるとしても、これら労働力移動や引退による減少を補うには不足して、かなりの減少をみることになろう。（第23表参照）その結果、従業上の地位別でみた就業構造は、第5表のような姿になる。すなわち、産業構造の変化に対応して、近代的な雇用者の比率は基準年次の46％から66％に大幅に増加し、逆に家族従業者のそれは30％から15％に半減する。産業別では第1次産業で約500万の就業者減となり、その比重は基準年次の40％から24％に減少する。これに反し、第2次産業は24％から32％に、第3次産業（運輸、通信、公益事業を含む）は36％から44％にそれぞれ増加する。（ちなみに、1950年における諸外国の就業構造は、西ドイツ第1次23.2％・第2次42.2％・第3次32.4％、アメリカ第1次12.2％・第2次34.7％・第3次48.8％となつている。なお〔各〕産業計が100にならないのは分類不能が含まれないためである。）

　この結果、就業者は基準年次より715万人増の4,869万人程度になると思われる。生産年令人口の増加1,685万人に比べて就業者数の増加が少ないのは、有業率（有業者／生産年令人口）が基準年次の66.8％から目標年次には61.6％に下がるからである。これは、一般的な所得水準の上昇にともなつて、低所得者世帯における多就業の緩和、進学率の上昇、社会保障の充実、有業率の高い農林漁家の減少などによつてもたらされるものである。

　つぎにこの計画における主要な個別バランスについてみよう。まず、総貯蓄と総投資の対応関係であるが、総投資中に占める民間および政府の企業設備投資の割合は約53％とみつもられている。これは基準年次の60％強の比率に比べると小さくなつているが、このことはこの計

第5表　就業構造

(単位：万人)

産業・地位別		基準年次	目標年次
第1次産業	個人業主	537	527
	家族従業者	995	550
	雇用者	77	77
	計	1,645(39.6)	1,154(23.7)
第2次産業	個人業主	111	97
	家族従業者	66	47
	雇用者	829	1,424
	計	1,006(24.2)	1,568(32.2)
第3次産業	個人業主	297	269
	家族従業者	181	138
	雇用者	798	1,401
	計	1,276(30.7)	1,808(37.1)
運輸、通信、公益事業	個人業主	5	4
	家族従業者	2	2
	雇用者	220	333
	計	227(5.5)	339(7.0)
計	個人業主	986 (23.7)	897 (18.4)
	家族従業者	1,244 (29.9)	737 (15.1)
	雇用者	1,924 (46.4)	3,235 (66.4)
	計	4,154(100.0)	4,869(100.0)

(注) 1. 国民所得統計の就業者を基礎にしている。
　　 2. (　)内は構成比を示す。

画が社会資本の充足を一つの政策目標としていること、および社会資本の充足によつて産業投資の効率化を期待しているからである。その結果、社会資本関係の行政投資、個人住宅投資の比率は基準年次の約26%から約37%へと大幅な増大を示すことになる。この投資需要とこれに対する、総貯蓄の内容は第6表の通りである。

第6表 貯蓄投資バランス (33年度価格 単位:億円)

項 目	基準年次 金額	基準年次 構成比(%)	目標年次 金額	目標年次 構成比(%)
総貯蓄	29,470	100.0	82,832	100.0
資本減耗引当	8,845	30.0	26,745	32.3
個人留保	4,078	13.8	12,389	15.0
個人貯蓄	10,659	36.2	27,469	33.1
政府経常余剰	5,924	20.1	18,524	22.4
(控除)国際収支差	△ 490	△ 1.6	2,295	2.8
統計上の不突合	△ 526	△ 1.8	—	—
総資本形成	29,470	100.0	82,832	100.0
政府投資	8,043	27.3	28,135	34.0
政府企業	2,538	8.6	7,542	9.1
行政投資	5,505	18.7	20,593	24.9
民間投資	17,356	58.9	46,132	55.7
民間企業	15,294	51.9	36,206	43.7
個人住宅	2,062	7.0	9,926	12.0
在庫投資	4,071	13.8	8,565	10.3

(注) 第7表の行政投資には土地取得費が含まれているが、本表の行政投資には国民経済計算上移転的支出とみなされる土地取得費を含んでいない。

　資本減耗引当および法人留保のような企業貯蓄の比率が、基準年次の約44%から47%強に増大するが、これは企業の自己資本充足への努力に期待するところである。これに対し個人貯蓄のウエイトは少し落ちてくるが、依然33%程度とその重要性を保っている。なお、個人貯蓄率が、今後の高成長に応じて低下する度合が大きい場合には、貯蓄不足の可能性があり、少くとも個人可処分所得に対し貯蓄率は約15%が必要であろう。他方、もしここ数年にみられたような個人貯蓄率の急上昇がつづくなら貯蓄額そのものには不足を生じないとしても、そのため消費需要の相対的減退をもたらし、需給アンバランスの原因となりかねない。

　つぎに財政収支バランスはおおむね第7表の通りである。目標年次における財政の規模はほぼ5.5兆円となり、租税専売益金および税外

第1部　総　　説

第7表　財政収支

(35年度価格　単位：億円)

項　目	基準年次 金額	基準年次 構成比(%)	昭和35年度 金額	昭和35年度 構成比(%)	目標年次 金額	目標年次 構成比(%)
(収入)						
租税および専売益金	16,378 (16,478)	72.0	21,472 (20,682)	76.9	46,490 (44,875)	81.7
税外収入	(2,800)	12.2	3,235 (3,123)	11.6	5,260 (5,077)	9.2
運輸部資金民間資金借入等	(1,526)	6.7	2,449 (2,364)	8.8	5,184 (5,004)	9.1
前年度剰余金	(2,074)	9.1	758 (732)	2.7	—	—
計	(22,878)	100.0	27,869 (26,901)	100	56,934 (54,956)	100.0
(支出)						
財政消費	(9,855)	47.4	12,470 (12,037)	44.9	24,530 (23,678)	43.1
行政投資	(5,614)	27.0	9,370 (9,044)	33.8	22,190 (21,419)	39.0
移転的支出	(5,320)	25.6	5,899 (5,694)	21.3	10,214 (9,859)	17.9
内 振替支出	(2,073)	10.0	3,045 (2,939)	11.0	6,900 (6,660)	12.1
計	(20,789)	100.0	27,739 (26,775)	100.0	56,934 (54,956)	100.0
歳計剰余金	(2,089)		130 (126)		—	—

(注) 1. 昭和35年度は予算数字。
　　 2. (　)内は昭和33年度価格。

収入の割合はほぼ91％と政府収入の大宗を占めることに変わりはない。支出面では行政投資の割合が、35年度の約34％から約39％と増大し、経済全体の要請にこたえるように計画されている。振替支出（生活保護費等）もその必要性の増大にかんがみ現在の比率よりも大きくなつ

第8表 国際収支（為替ベース）

(単位：億ドル)

項　目		昭和33年度	昭和34年度	目標年次
経常取引	貿易収支			
	輸　　出	28.5	34.3	84.9
	輸　　入	24.8	32.7	80.8
	貿易収支	+3.7	+1.6	+4.1
	貿易外収支			
	受　　取	6.1	6.5	13.1
	支　　払	4.8	6.1	15.4
	貿易外収支	+1.3	+0.4	△2.3
	経常収支	+5.0	+2.0	+1.8
資本取引	長期資本収支			
	受　　取	1.5	1.3	5.4
	支　　払	0.6	1.6	5.9
	長期資本収支	+0.9	△0.3	△0.5
	短期資本収支	△1.3	+1.8	+0.7
	資本収支	△0.4	+1.5	+0.2
総合収支		+4.7	+3.5	+2.0

(注)　実績はいずれも名目数値である。

ている。

　国際収支バランスは、目標年次2億ドルの黒字を生ずるように計画されているが、そのためには貿易収支の黒字4.1億ドルを必要とする。このような目標を達成するには、貿易構成の高度化および絶えざる企業の体質改善、生産性の向上、輸出振興等を背景に輸出84.9億ドル（為替ベース）（通関ベースで93.2億ドル）の確保が必要とされる。その輸出が達成されれば、産業構造高度化に要する原材料、設備等の輸入80.8億ドル（為替ベース）（通関ベースで98.9億ドル）を可能にしよう。（第8表）

　個人バランスは、個人可処分所得総額18兆円程度が見込まれるが、

対国民総生産比率としては基準年次とほぼ同じ割合である。このことは、個人所得総額の増加率はほぼ経済規模の成長率と並行することを示すものである。消費支出の割合は、現状の推移を強く反映した場合に可処分所得の約80%と見積られるが、これは考えうる最低の消費率であつて、おそらく85%程度の消費率が可能であろう。その結果個人貯蓄率はほぼ15%程度となり、投資、貯蓄バランス、需給バランスとも均衡的に維持されうると考えられる。

目標年次における物的生産量の姿はつぎのようになる。まず、鉱工業生産は、34年度の3.16倍となろう。そのうち鉱業は1.34倍、製造工業は3.3倍とみられる。製造工業内では、重化学工業品の割合が、34年度の61%から73%へと大幅に増大する。農業生産は基準年次の1.45倍となるが、そのうち畜産が3.16倍と著しい増加を示す。それに対し耕種、養蚕等はほぼ現状の横ばい程度と考えられる。このような産業構造の変動を反映し、かつ促進させることによつて輸出構造でも工業製品の輸出は基準年次の3.7倍となり、とくに重化学工業品の全輸出中にしめる比率は、53.5%に達する。他方輸入額は基準年次に対し約3.2倍となり、内容としては食料と原材料の輸入の比率が減少し、鉱物性燃料、完成品の比率は増加する。輸入構造にも産業構造の高度化に見合う変化があらわれることになろう。

3. 成長の経路と問題点

計画の目標に到達する年平均の成長率は35年度から複利率でみるとほぼ7.2%であるが、現実には内外の経済条件の変化によつて年々の変動が考えられる。成長の型もまた計画期間中に漸次変化していくであろう。

まず、今後数年間の経済成長は、過去数年の高度成長の影響を強くうけるものと予想される。在庫の調整等によつて、成長率の一時的鈍化はあるにしても、基調としては当面かなり高い成長がつづく可能性

が強い。その要因としては、わが国の経済体質が、経済高度化を行なう可能性を十分につくりあげていること、さらにおう盛な設備投資に対応する労働の供給がさきにふれたように（第１表参照）とくに計画の前半期において潤沢であることである。さらに先進国との技術水準の格差は、これまでの成長過程で相当せばめられたとはいえ依然として残されており、今後の産業構造高度化の過程において、なお相当に先進技術を吸収しうる余地をもつている。

　もちろん、このような高度成長維持の可能性については全く問題がないわけではない。その一つは、さきにふれた社会資本の充足が成長に適合していけるかどうか、ということである。この点からこの計画では、行政投資の伸び率を35年度〔以〕降９％と計画の平均成長率より高く維持するよう計画することとし、さらにその使用については従来よりいつそうの能率的重点主義を要請している。第二の問題は、ここ数年来経済全般の伸び率より立ち遅れてきている消費の増加についてである。消費の相対的立ち遅れは、設備投資がおう盛であつたことの反面であるとも考えられるが、この状態が持続されると供給過剰、設備過剰という形で経済成長の鈍化をもたらす可能性がでてこよう。したがつて消費需要の適度な刺ぎについての配慮が必要となる場合がある。いま一つの問題は海外景気の動向である。これまでの期間では世界貿易が順調に伸び、また、交易条件もわが国に有利に働いてきたが、これらの点が将来どう推移するかは未知に属することが多い。しかしどのような場合でも、わが国経済の国際競争力が強化されればされるほどよいわけで、各産業の生産性向上が行なわれることを大きく期待している。

　今後の経済発展の条件において、一つの明らかな変化がおこるのは、さきにふれたように計画の前半期から後半期にかけて生ずる労働力供給の変化である。新規労働力の供給は38年度から42年にかけて高く、その後は相当落ちることになると予想される。このような点からみれ

ば、計画の前半期においては、高い成長のもとで、ある程度不完全就業の改善と農村労働力の第2次、第3次産業部門への流出が行なわれるであろう。後半期においても、農村人口の流出は進められるであろうが、成長にともなつて労働市場はいつそうひつ迫の度を加えることになろう。その結果、需要面において消費需要が堅調となり、労働コストの強調をもたらすとともに、供給力の面、とくに労働力の質的量的供給の面で、成長の制約要因が生ずる可能性がある。そして、このような過程を通じて、今日存在する格差構造の底辺部における低賃金雇用の解消が進められることになるであろう。

　他方において、このような傾向は、労働力にかえて資本の装備率を高めることによつて、労働生産性を引き上げ、労働力の不足に対抗する必要を、とくに中小企業で生じさせるであろう。このことはまた高賃金、高水準雇用経済への移行を示唆するものである。また、これまでの大企業におけるぼう大な資本需要と中小企業における低賃金雇用吸収という両極併存のパターンに変化を及ぼし、中小企業においても資本需要が大きくなるという方向をとることになるであろう。このような計画期間における基本的な経済基調の変化は、この計画の実施に当たつてつねに配慮されなければならないところである。

　この面の影響は、国際貿易の面においても生ずる。すなわち、前半期には、経済構造の変化を含みながらも、依然中小企業を中心とする労働集約的商品の輸出が重要な役割をもつが、後半期には世界貿易構造の高度化や後進国の工業化進展という事情も加わり、わが国の貿易構造のよりいつそうの高度化が要請される。その際、輸出市場を確保するよう労働生産性を高めうる企業の体制と労働生産性の上昇がコスト引き下げに反映される条件をつくる必要がある。

　以上のように計画期間中の基調変化に対応しつつ、前述の産業構造の変化が進められることになるが、この間における産業別の成果と雇用および生産性の関係を示せば第9表の通りである。

第9表 労働生産性・就業者増加率・成長率〔基準年次からの年率〕

(単位：%)

産　業　別	成長率	就業者増加率	1人当たり労働生産性増加率
第1次産業	2.8	-2.8	5.6
第2次産業	9.0	3.5	5.5
第3次産業	8.2	2.7	5.5
運輸・通信・公益事業	8.8	3.2	5.6
全　産　業	7.8	1.2	6.6

(注) 全産業欄の各率は産業別のウエイトを考慮して算出したものである。

　すなわち、全体としては、成長は労働力の増加による部分より生産性の上昇による部分が大きくなる。成長率としては第2次産業が最も大きく、その雇用増加率も高い。これに反し、第1次産業は成長が低く、また近代化も進められるため雇用も大きく減少し、その減少分が第2次および第3次産業に吸収されるということになる。この結果としての産業別生産性は、ほぼ同程度の伸びを示すことになり、相対生産性の比率は、第1次産業についてみると若干改善されるであろう。すなわち、計画期間中、わが国経済では農業革命と工業高度化とが結合した形での構造変革が進められることになるわけである。

4．計画期間における物価問題

　この計画の目標は、実質価格で国民経済規模の倍増を図ることであつて、この期間中に、もし物価水準の上昇があれば名目的には倍増以上の目標を達成することを意味する。

　この計画では、計算価格として昭和33年度価格を採用し、計画期間中総合物価の変動は想定せず、前節に述べた総供給と総需要が最終的に均衡して、長期的には物価水準が安定的に維持されるものと考えている。物価の安定を維持することはこの計画全体の円滑な達成に不可欠の条件である。ただし、成長の過程において景気変動が全くなくな

るわけでなく、とくにわが国は海外景気に左右されるところが大きく、短期の物価変動を完全に除去することは困難である。また、成長の過程に応じて経済構造が変化し、資本、労働の供給関係等にも変化が生ずるので、個別の財貨やサービスには異なつた動きがあることは当然考えられよう。

　価格を形成する諸要素のうち、労働コストは長期的な労働需給事情からみて上昇圧力が強まるものと思われる。このことは、わが国多年の懸案になつていた低賃金と二重建〔構〕造が解消していくことを意味している。したがつて、今後は産業、とくにコスト中労務費の割合の高い部門においては、資本装備率を高め、生産性を向上することによつて価格の上昇の要因を吸収することが必要となつてくる。

　しかし、競争代替関係にあるものがなく、生産性向上にも限度のあるサービス関係などについては価格が上昇することもありえよう。また、現行の公共料金は、資源の適正配分あるいは経済の正常な循環をゆがめている面もあるので、企業経営の格段の合理化を前提として長期的観点から是正も必要となろう。

　このように価格上昇の傾向にあるものがある反面、生産性向上の余地が大きく、これから量産体制にはいる生産財や耐久消費財においては価格はむしろ低下する可能性がある。また、配給、流通機構の合理化、能率化が進められる結果、消費者物価の上昇が抑制されることもあり、さらに貿易自由化への移行にともなつて海外から安価な商品が輸入されて価格が下がるものも生じよう。このように、計画期間を通じて、漸次サービス料金等が比較的高い先進国型の物価体系に移行しつつ、あるものは上昇、あるものは低下すると予想されるが、全体としての物価水準はできるだけ上がらないよう努力する必要がある。

　物価の安定を維持することはこの計画達成のために不可欠の要件であることはいうまでもないので、たえずその動きに留意し適時適切な物価対策をとる必要がある。たとえば、独占的な行為によつて不当な

価格をつり上げられるような場合には消費者の利益をまもる立場から行政手段による対策の必要性も考えられる。

　なお、短期の景気変動にともなう物価の変化については、主として適切な財政金融政策によつて、なるべく変動の期間と振幅を小さくする必要があろう。

第2部　政府公共部門の計画

第1章　計画における政府の役割

1．経済成長と政府の役割

　倍増計画の対象は、政府が直接、政策の実現手段を有する政府公共部門に中心がおかれる。従来の計画は民間分野についてもかなりの関与を前提としていたが、それらに比べるとこの計画では政府の直接関与する範囲はせばめられたことになるが、せばめられた範囲では従来以上に責任をもつものである。

　政府はつねにわが国経済がもつ潜在的な成長力を正しく評価しながら、成長要因を積極的に培養し、成長阻害要因を排除する任務をもっている。さらに財政金融政策の適正な運用による通貨価値の安定と成長資金の確保および景気変動幅の縮少という任務をもっている。すべてこれらの任務は、後段民間部門においても述べるように、一面においては民間における創意を十分発揮しうる条件をつくるためのものでもある。このような観点から、この計画において政府が果すべき役割はつぎの諸点である。

　第一は、社会資本の充足である。それは経済基盤の強化と、民生の安定をもたらし、また国土の保全と有効利用を可能ならしめる。さらに、これらの部門に対する行政投資の弾力的運用によって景気の重要な調整機能を果すこともできる。

　第二は、教育訓練等による人的能力の向上および科学技術の振興である。それは民間の活動と相まつて、新しい時代の要求する人間を形成することによつて経済成長を積極的に促進するものである。

　第三は、社会保障の充実と社会福祉の向上である。福祉国家の建設

は近代国家としての責任でもあるし、またやり方によっては経済成長を促進することもできよう。

　第四は、民間産業の誘導である。政府は直接に民間企業活動の内部に立ち入ることなく、企業活動の環境を整備しつつ、それを好ましい方向に誘導する立場に立つことである。この場合、構造政策を積極的に推進する面と、公正競争の確保、大衆消費者の保護という価格対策ないし消費者行政などの監視的側面がある。

2．政策実現のための手段

　この計画に示された経済政策を実現するためには、できるだけ民間企業や個人の創意と工夫に期待し、直接的統制手段をとることは極力これをさけることがのぞましい。さらに、直接個々の企業を対象にしたような保護政策はできるだけ避けながら、十分に経済性を発揮させる政策をとることが必要である。

　したがって、従来のような物的統制や為替管理政策は後退し、主として財政金融政策による間接的手段と民間部門に対する適切な誘導政策によって計画目標を実現する。

　政策の実行に当たっては、総合性をもたせることはいうまでもないが、この計画ではできるだけ実行の順位や順序を明らかにすることに努めた。

　政策実行はまた機動的、弾力的でなければならない。前述の通りこの計画では予測的性格をもつ部門が相当多く、また国際経済の動きなど計画実行の段階で予測しえない変化がおこりえよう。その場合、計画を硬直的に考えることは不必要な摩擦を生じ、かえって健全な成長を阻害することになろう。計画作成に当たってはそのような事態に処しうる措置を考慮する必要がある。

　さらに、この計画の目標達成に関して強調されなければならないのは制度の改正である。これまで経済成長に対して諸制度が果してきた

役割はあまり重視されなかつた。しかし、計画期間におけるように、戦後の復興段階から新たな発展段階をむかえ、かつ産業構造の変化が急激に行なわれようとする時期には、成長を阻害しつつある諸制度を成長を促進する性格のものに改正していく必要がある。社会資本の充足、教育の普及、社会福祉の向上その他あらゆる政策面でこのような制度への考慮が必要である。

　また、行政機構の簡素化と行政の近代化に努め、政策の推進に当たつては、いたずらに新規の政府機関を濫設することは厳にさける必要がある。

第2章　社会資本の充足

1. 社会資本充足の必要性と基本方向

　生産活動と国民生活の基盤をなす社会資本の劣弱性はすでにかなり早くから問題にされ、その要請にこたえるための公共投資は近年急激に増強されてきた。しかし、これらの努力をもつてしても、また国民経済の成長と発展に必要にして十分な施策が円滑に進行しているとみることはできない。したがつて、この際、公共投資の量ならびに質の両方の面について根本的な検討を加え、より効果的に今後の社会資本の充実を軌道にのせる必要が痛感される。

　計画期間における社会資本充実の第一の方向としては、産業基盤強化のための社会資本をまず必要最小限確保することが緊要である。なぜならば、この面における施設の劣弱が経済成長のあい路となる可能性が相当強いと考えられるからである。したがつて、産業の基盤をなす社会資本の拡充のために種々の努力を傾けることこそが、この計画がめざす高度成長を実現していくための基本的課題でなければならない。

　このような観点から今後道路、港湾、鉄道、空港等の輸送施設、電

信電話等の通信施設、さらには工業用地、用水等産業の立地条件の格段の整備を図る必要がある。この場合、既成工業地帯の行きずまり、大都市問題の激化、地域間所得格差の拡大等、現在国民経済全体の大きな構造変革の必要性が強まりつつあるので、長期的総合的な観点から今後のあるべき産業立地の姿を想定し、それに即応した方向において基盤の整備に努めなければならない。

さらに、農林水産業の近代化に関する投資は、その遅れた社会的経済的構造の解消を目的とするとともに、今後予想される産業間労働移動、食糧需要構造の変化等に対処するものでなければならない。

経済の急速な成長によって道路を中心とした交通施設の遅れと、工業用水の不足はますます拡大しつつあるので、その整備拡充に大きな重点をおく必要がある。また交通施設については経済活動、国民生活の高度化に対応して、その内部構造そのものも近代化の必要にせまられており、その整備に当たつては、産業の適正配置の観点からの要請とともに、交通施設相互の役割を明確にし、近代的な総合交通体系の確立を指向する。

第二の方向としては、住宅および生活環境施設等の生活基盤の拡充、とくにこれらを通じての都市問題の緩和を図る必要がある。この面における著しい立ち遅れを考えるとき、住宅、上下水道、病院、厚生福祉施設、文教施設等の社会的諸施設の整備と拡充にできる限り多くの努力を注ぐことが、政策の重要な方向とならなければならない。

大都市問題は、経済の発展につれてますますその解決の重要性をましてきているが、さしあたり現在までの大都市集中の結果醸成されている各種の摩擦を緩和するために、広域的な都市計画にもとづいて、大都市における住宅、交通、上下水道、公園等の環境整備に重点をおく必要がある。さらに、都市再開発に要する巨額の費用を考えると、地域格差の是正、そのための産業立地施策のあり方とも関連して、長期的な視野に立つ抜本策が漸次実施されていく必要があろう。

社会資本充実の第三の方向として、国土保全施設の強化が図られなければならない。年々の天災等によつて保全施設が受けた損傷はすべて復旧されているにもかかわらず大災害が頻発する現状からみれば、従来実施されていた保全の程度そのものが不十分で、今後かなり抜本的な保全施設の増強を行なうとともに、通信連絡や警報の面を強化すること等によつて、災害をできる限り防除する必要がある。

　なお、水の問題は、治水による国土の保全のほか、上水、工業用水、農業用水等の確保と総合調整の面からも今後重要となるので、治水利水の総合的な観点から、事業の計画および実施が推進されなければならない。

　このような基本的な方向にそつて計画期間における社会資本の充実を図らなければならないが、これらの実施に当たつては、国民経済全体の運営との有機的関連が常に配慮されなければならない。わが国における社会資本の劣弱は、基本的にはその後進性にもとづく構造的な不均衡であり、その完全な是正のためには計画期間よりさらに長期にわたつて努力が続けられなければならない。社会資本の充実を急ぐあまり、確保すべき民間の設備投資に支障をきたしたり、財政に破たんをもたらしたり、あるいはインフレーションをひき起すのでは経済成長そのものが阻害される結果になる。したがつて、この計画においては、他の諸要素との関連を考慮し、国民経済の均衡ある発展の見地からみた最大限の規模として、社会資本充実のための行政投資の企業設備投資に対する比率を、現在の１：３より、目標年次には１：２程度に拡大し、この計画期間中に合計16.13兆円（35年度価格）を投下することとした。

　これは、社会資本の充足の必要額からすれば、なお不十分であることはいうまでもないが、国民経済的にみればかなりの比重をもち、またその源が主として国民の負担する租税であることを考えれば、その使用についてはとくに厳正でなければならず、また、今後その投資の

効率的な実施のための対策を強く推進することによって、限られた資金により最大限の効果をあげるよう努める必要がある。このためには、まず従来の公共投資に対してしばしばなされていた総花性、事業施行の非能率等を是正し、官庁間のセクショナリズムや、種々の利害関係からくるわい曲から脱却し、技術的経済的に最適の配分、実施を図ることが必要である。またこのような体制を確立するためには、公共投資の計画あるいは実施についての機構を整備し、関連事業をできる限り統一的視野のもとに行ない、あるいは計画調査費用を拡充して経済合理性にもとづく実施計画を確定する等に努めるとともに、建設事業の機械化と近代化を強力に推進することにより、事業の施行そのものを能率化し、これらによって事業費の節約、その効率的使用に格段の努力を払う必要がある。さらに建設された資産の維持管理は、いわば消極的な投資として新増設に劣らない重要性をもつものであり、このための費用の増強や機構の合理化にも大いに留意する。

なお、用地の取得や補償の問題が、今後の社会資本充実のうえでますます大きな障害となる可能性があり、投資の効率を高め事業の進ちよくを図るため、土地その他物件の公共施設への転用、利用について不当利得あるいはいきすぎた利権の主張を排し、早期円滑な解決に努める必要がある。

このため統一的補償基準の策定、評価鑑定制度の確立、あるいは買収完結前においても、できるだけすみやかに事業に着手できるような方法等を早急に検討し、補償の適正化と事業の促進を図るための抜本的解決策を講じなければならない。

以上の考え方にもとづき、この計画における社会資本充実のための各事業への必要行政投資額としては第10表の規模が確保される必要がある。もちろん、これは期間中の景気変動を考慮していないから年々の投資額決定に当たっては、公共投資の景気調整手段としての役割も考慮しつつ、大きく弾力性を持たせて運用すべきものである。

第10表　　行政投資実績および計画期間中の投資額

(単位:億円)

事業別＼年度	28	29	30	31	32	33	34	35	計画期間中の投資額
道　路	564	571	609	795	1,147	1,401	1,720	2,276	49,000
港　湾	121	97	92	110	142	169	240	272	5,300
農林水産業	469	434	422	464	536	599	647	825	10,000
小　計	1,154	1,102	1,123	1,369	1,825	2,169	2,607	3,373	64,300
産業立地調整									5,000
住　宅	260	271	312	388 (338)	416	502	494	534	13,000
環境衛生	30	56	50	65	115	122	190	248	5,700
厚生福祉	271	229	219	202	219	201	231	246	4,000
小　計	561	556	581	605	750	825	915	1,028	22,700
治山治水	468	486	468	440	500	518	639	789	11,200
災害復旧	909	736	601	533	491	573	825	733	5,300
小　計	1,377	1,222	1,069	973	991	1,091	1,464	1,533 (1,522)	16,500
計	3,092	2,880	2,773	2,947	3,566	4,085	4,986	5,923	108,500
その他(文教施設)	1,542	1,568	1,435	1,665	2,135	2,629	2,925	3,447 (673)	52,800 (11,000)
合　計	4,635	4,448	4,208	4,612	5,701	6,714	7,911	9,370	161,300

(注)　計画期間中の投資所要額は35年度価格である。

(備考) 1. 行政投資とは、民間企業投資および政府の企業的投資以外の、いわば政府固有の役割を果すための投資であり、中央・地方の一般会計ないし普通会計並びに非企業特別会計の投資額、道路、首都高速、愛知用水、森林開発、機械開発、住宅の各公団、原子力研究所の投資額および地方準公営企業の投資額を指している。

2. 各事業の範囲は下記の通りである。

（1）道路——道路、街路、特失、臨就、災関、離島、冷害の公共事業、道路公団、首都高速、地方単独（区画整理の一般財源分、奄美および補助率差額を除く）

（2）港湾——公共事業、奄美、地方単独

（3）農林水産業——農業基盤、奄美、災関、愛知公団、機械公団、草地改良、林道、造林、漁港および漁港地方単独（農業共同施設をのぞく）

（4）産業立地調整——産業立地計画の進展にともなう事業の効率的遂行のための調整資金（調査費、事業費）

（5）住宅——住宅公団賃貸、公営住宅および地方単独（用地費を含む）

（6）環境衛生——下水道管きょ（都市下水路を含む）終末処理、簡易水道、清掃施設および地方単独

（7）厚生福祉——病院（保健所を含む）保健衛生（保健所、清掃施設、終末処理、簡

易水道をのぞく）国立公園、社会福祉、児童母子福祉、非企業特別会計、福祉施設
　　　（病院をのぞく）および地方単独
（8）　治山治水――河川、ダム、砂防、機械、民有林治山および地方単独（海岸をのぞ
　　　く）
（9）　災害復旧――公共事業、伊勢湾および地方単独
（10）「その他」――文教施設、防衛施設、官庁営繕、空港。海岸保全等を含んでいる。

　また、各事業のおおよその方向としては、産業基盤強化のための投資は計画の前半期に、かなり重点的に投資することがのぞましいと考える。しかし、道路、港湾等、これらの産業基盤施設が全般的にみて今後の経済成長の基本的あい路となつており、その拡充が必要であるとはいえ、行政投資総わくの制限と他の分野との均衡上、その理想的な解決はこの〔10〕年間に到底達成不可能であると考えられる。一方民生安定のための投資は、産業発展の基盤として必要なものをのぞき、むしろ後半期に高く、国土保全のための投資は長期的、計画的に実施し、緊急を要するものについては、計画前半期より重点的に実施する必要があると考えられる。

　その他の分については期間中一律に増加していくことを想定している。

　なお、今後長期的観点に立つてわが国産業の適正な配置と地域的経済発展の不均衡の可及的すみやかな是正が図られなければならないが、これらは、わが国の経済発展のうえで、画期的な事業であり、その実施に当たつては各種公共事業の計画性と総合性がいつそう強く保持されなければならない。このような産業立地政策の進展にともなう道路、港湾、用水、勤労者住宅等の先行投資的な新規発生所要額をまかない、また計画期間の後半期に重点をおいて、新たに、北海道、東北、裏日本等の後進地域における大規模工業地帯の育成に着手し、さらに新首都造成に関する可否について検討する等のために、各事業にまたがる産業立地調整資金を5,000億円留保し、これらの画期的事業の効果的完成を図るものとする。

2. 産業の適性配置の推進

　この計画の実施にともなつて、今後の産業配置の重要性は増大する。計画の中心的役割をになうものは工業であるが、工業生産は34年度から目標年次に約3.3倍になるとして、それに必要な用地、用水、道路、港湾等の整備が大きな問題であり、産業をいかなる地帯に立地させるのが適当であるかということが今後の経済発展の重要な条件となつている。

　産業立地政策を考えるに当たつてはつぎの諸要因が問題となろう。すなわち (1) 企業における経済的合理性の尊重 (2) 所得格差、地域格差の是正 (3) 過大都市発生の防止などである。本来立地は企業が決定するものであり、この計画でも企業の経済的合理性にもとづく選択は原則として尊重するが、野放しの自由放任は、過大都市、地域間所得格差の問題をいつそう深刻化し、国民経済そのものを非能率化してゆくであろう。したがつて、産業の配置に当たつては、地域格差の是正、過大都市の防止も十分考慮しなければならない。しかし、他方その点の考慮にあまり重点をおくと、無計画、総花的な工業分散化に陥り易く、その結果、経済成長の効率をそこなうおそれなしとしない。したがつて、みだりに工業の分散を図るべきではなく、分散化自体にも計画性が必要である。このことは産業立地に関する行政投資あるいは社会資本の配分面からも重要である。社会資本は最大の立地誘導手段であるが、資金の枠には限度があり、重点的に集中投下するのでなければその効果は確保されない。

　なお、本来地域間所得格差はわが国の二重構造の問題であり、立地政策だけでは十分解決されないのでその他の政策、たとえば農業近代化政策、中小企業対策、社会保障政策等もあわせて推進しなければならない。

　以上の諸点を考慮した上で計画期間の産業立地のあり方をつぎのよ

うに考える。
(1) 四大既成工業地帯（京浜、中京、阪神、北九州）を連ねるベルト状の地域は大消費地に接近し、産業関連諸施設の整備もすでに相当行なわれており、また、関連産業、下請企業が広はんに存在し、用地、用水もかなりの余裕を持つているなど、他地域にくらべてすぐれた立地条件を持つている。したがつて社会資本の効率も高いので、この地域は計画期間における工業立地の重要な役割を果すことになろう。このため、ベルト地域の中間地点に中規模の新工業地帯を造成整備する。これにより、生産単位の巨大化、企業のコンビナート化の傾向に対応させる。
(2) ベルト地域のうち、四大工業地帯の密集部への新たな工業集中は原則として禁止又は制限する。その代り工業用水道、道路交通、住宅、下水道等の諸施設に対して追加投資を行ない、再開発によつて生産の能率化と隘路の打開に努める。
(3) 四大工業地帯の中心部よりできるだけ距離をおいた近接および周辺地域への工場分散を促進し、交通網の整備により、その外延の拡大を図る。
(4) 北海道、東北、裏日本（中部）は期間中において現に行なわれている既定の計画を実施するが、これら地域は、倍増計画につづくつぎの期間にいつそう重要な役割を果すものと考えられるので、計画期間の後半期に重点をおいて、慎重な配慮で選定された地点につき大規模な中心的工業地帯となるのにふさわしい外部条件の整備を図る。これ等工業地帯を中核として、工業化を促進する。

　また、後進性の強い地域については、地域間所得格差を是正する等の観点より、適当な規模の工業地帯の育成や農村地帯に適した工業の分散がのぞましく、そのためには、各地域の特殊な立地条件を生かすとともに内陸交通等の整備による各地域の有機的結びつきを強化し、経済圏の機能的拡大を図ることが必要である。

このような産業立地政策〔条件〕の方向に対応して地域格差は既成工業地帯以外の所得水準が相対的に高まるので現状よりかなり緩和されよう。またこのほか10年間の工業用地の新規必要量は約5.5万ヘクタール（1.65億坪）と試算され、<u>目標年次</u>の工業用水使用量は１日当り約7,000～8,300万トンになると見込まれる。したがつて工業用地造成および工業用水道建設事業は計画期間において社会資本充足における重点事業となろう。

　産業立地の基本方向を円滑に推進するためには、つぎのような諸問題について適正な政策ないしは制度的改善が図られなければならない。

(1)　工業地帯の造成整備に当たつて用地、用水、労働力の諸点で農、漁業との立地調整を円滑に行なう。
(2)　行政投資による再開発を行なつても東京都の過大都市化の傾向は容易に改められないと考えられるので、政府機関、大学等の公共機関を他の適地に移転して、新首都を造成することの可否を検討する。
(3)　既成四大工業地帯の中心部に対する工場新増設の原則としての禁止または制限、工業の地方分散のための勧奨指導に必要な立法その他の措置をすみやかに具体化する。
(4)　産業および人口の配置に関する問題は将来ますますその重要性が増大し、しかも問題は単に工業立地にとどまらず、地域間格差、地域間労働移動、用地、用水問題にかんする農漁業との調整等多方面に及ぶので、この際産業立地政策を統一的に行なう行政機関の設置ないし、これ等問題に関する計画を作成し、その対策の方向を明らかにする審議会、もしくは調査会の設置<u>を考慮する</u>。

3．総合的な交通体系の確立

　今後経済の高度成長を実現していくためには、差し当り輸送隘路〔需要〕の〔急増に対処して輸送あい路〕解決を図りつつ究極において近代的合理的交通体系を創出することが最も重要な課題である。この

第11表　国内貨物輸送　(単位：億キロトン)

項　目	昭和33年度 (A)	昭和34年度	目標年次 (B)	(B)／(A)(%) 増加率	年率
貨物輸送量	975 (100)	1,164	2,173 (100)	223	6.9
国　　鉄	453 (46.5)	499	815 (37.5)	180	5.0
トラック	130 (13.3)	152	498 (22.9)	382	11.8
内航海運	392 (40.2)	513	860 (39.6)	219	6.8
民　　鉄	*7	*8	*9	—	—

(注) 1. ( )内は構成比を示す。
　　 2. *は外数を示す。

ため今後の国内交通政策を考えるに当つては次のような基本的な考え方が重要である。すなわち、

(1)　各交通機関の輸送力の増大と最大限に技術革新をいれた近代化によつて合理的交通分業関係を創出すべきである。

(2)　各交通機関は需要者がそれぞれのサービスと運賃を考慮して任意に選択利用できる状態におかれるべきである。

(3)　交通企業の自立採算性を尊重し、原価主義によつて決定された適正運賃を原則とすべきであり、これにより各交通機関の分野の適正化を図るとともに、企業の経営基盤を強化すべきである。

(4)　可動施設の能力増加と固定施設の建設整備は均衡を保たなければならない。このために固定施設は一定計画にもとづく先行投資を行ない、可動施設は能力増加とあわせて近代化を行なうことが要求される。

今後の旅客貨物輸送需要は、経済規模の拡大あるいは産業構造、地域構造の変化や各交通機関の運賃等によつて変化していく。これらの要因にもとづいて目標年次の輸送量を推計すると第11表、第12表の通りとなる。

輸送構造では貨客とも自動車の分野が拡大し、伸び率では航空機、乗用車がとくに著しい。

第2部　政府公共部門の計画

第12表　国内旅客輸送

(単位：億人キロ)

項　目	昭和33年度(A)	昭和34年度	目標年次(B)	(B)／(A) (%)増加率	年率
旅客輸送量	2,109 (100)	2,283	5,082 (100)	241	7.6
国　　鉄	1,062 (50.4)	1,142	2,039 (40.1)	192	5.5
民　　鉄	534 (25.3)	556	981 (19.3)	183	5.1
バ　　ス	437 (20.7)	503	1,445 (28.4)	331	10.5
乗　用　車	63 (3.0)	68	504 (9.9)	800	19.0
航　空　機	4 (0.2)	5	103 (2.1)	2,507	30.8
旅　客　船	9 (0.4)	9	10 (0.2)	—	—

(注)　( )内は構成比を示す。

　鉄道の輸送量はなお増加するが、その全体に占める割合は漸次減退するであろう。また輸送量全体としては、貨物輸送量が2.2倍、旅客輸送量が2.4倍に増大することが見込まれる。したがつて、このような輸送需要に応ずるためには、計画期間にかなり大幅な投資の増大、それによる交通施設の拡充が必要である。今後の交通投資を行なうに当つては交通部門全体にわたり総合的計画を策定し、投資効率の向上を図るとともに、国民経済全体としてみた産業立地のあり方にとくに留意して、重点主義を強化すべきである。とくに長期の懐妊期間を要し、隘路発生を防止する投資については制度的改善も考慮して最優先の扱いとする必要がある。

　つぎに各部門についての政策の方向として、第一に道路については、自動車輸送需要の飛躍的発展に対応して投資規模を大幅に拡大するとともに、将来の産業構造、地域構造等を十分に考慮して輸送需要に即応する最適道路体系を重点的に確立していかなければならない。とくに大都市間交通の拡充のための大動脈的幹線道路、都市交通緩和のための街路および都市高速自動車道、大工業地帯とその周辺地帯を結ぶ道路網の整備拡充が〔を〕図らなければならない。

　このための投資所要額は経済の規模と可能な行政投資の総額をかん

案して4.9兆円と算定した。また道路交通の安全と効率向上のための管理方式の改善〔、〕有料道路制度の活用、国、都道府県、市町村間の道路事業に対する役割の合理的配分等、制度面においても十分その改革が検討されなければならない。

　鉄道輸送については漸次その比重は縮小するが、今後も重要な役割を果し、とくに将来の経済規模の拡大、産業立地と関連して重要幹線の複線化、複々線化等の重点的増強は、その懐妊期間が長いことを考慮すれば、とくに計画前半期に推進する必要がある。しかし鉄道については今後自主的に経営の合理化、輸送方式の近代化、生産性の向上を促進する一方、ローカル線については例外をのぞいて今後の建設を中止し、現在の線路も国民経済的に非合理なものは撤去するなど、体質改善と経営基盤の安定化のための抜本的対策が必要である。

　現在これをはばむ種々の経営規制があるが、そのうちとくに非合理的な運賃体系については原価主義を確立し、また公共性を維持する範囲で企業的機動性を与える等、経済の実態に即応する有効な施策を確立する必要がある。

　今後の輸送需要に占めるべき国鉄の比重から、10年間の投資額を巨視的に算定すれば、2.1兆円と推計されるが、国鉄経営基盤の強化を上記の抜本的対策との関連において考慮すれば1.4～1.6兆円でもかなりの成果をあげることが可能と考えられる。

　都市交通とくに大都市圏の交通難は世界最悪と評されている。したがつて都市交通の隘〔あい〕路打開のために鉄道、地下鉄、都市高速自動車道を増強し、各交通機関相互にもつと能率的に連絡する体系をつくらなければならない。しかし都市交通はそれだけで解決されるものではなく、交通対策を織り込んだ都市再開発、広域都市計画を強力におし進めることによつて真の解決が見出されなければならない。

　内航海運は経済活動の消長により貨物の著しい増減があるが、計画期間中には陸上輸送力の頭打ち傾向および鉄道運賃の適正化の影響も

あつて、きわめて重要な役割を果すことが予想される。したがつて、運賃体系の合理化、港湾の整備と相まつて、内航船の船賃の改善、輸送の能率化等の近代化の努力が強く要求される。

　港湾については、外国貿易の伸張、現在の窮迫の度合等から考えて、貨物取扱量が巨大な重要港湾を重点的に整備することが緊要である。またわが国の特殊性からみて、新規工業地帯における港湾の重要性はきわめて高いと思われるので、長期的な産業立地の方向からみて、今後発展していくと考えられる地域の中核的な港湾はある程度先行的な整備が考えられなければならない。このための投資所要額を〔は〕5,300億円と算定したが、原単位方式による巨視的計算によればなおかなりの巨額を要する試算もあるので、投資の合理性追求のために、格別の努力が期待される。なお、港湾経営の確立、とくに財政的基盤強化のための受益者負担制度、港湾利用料率の適正化等の新しい方向の導入、さらには地方港湾のうち投資の必要性の比較的うすいものへの国庫補助の縮小等が考慮される必要がある。

　「現代都市とは空港を持つ都市である」といわれるほど空港が国際交通だけでなく国内交通についても重要となりつつある。したがつて国際空港をはじめ幹線空港その他ローカル空港の整備拡充および航空保安施設の近代化を促進するとともに能率的航空機の導入によつて全国的な航空輸送体系を確立することが必要である。

　なお、電話を中心とする近代的な通信施設の急速な拡充は、国民経済および産業の近代化のための重要な前提である。しかし、わが国の電話普及率は、100人当り4.69台で世界的にみてきわめて低位にあり、しかも多年にわたる投資不足の累積によつて戦後電話の需給関係は極度にひつ迫している。また昭和45年度末の電話需要数は約1,500万が見込まれる。33年度末の約4.2倍となつて著しい伸びが予想される。したがつて今後需給均衡をできる限り早期に実現し、自動化、即時化を含めた能率化、近代化を促進して、古い体質からの脱皮を図る必要

がある。そして普及率としては15〜18台（3.3〜3.7倍）程度が目標となろう。また、加入電話の拡充、I.D.P.方式（資料集中処理方式）の開発等、産業の近代化に即応した電信網の整備が必要である。このための投資所要額は、需要充足率を85〜95％に好転させるとした巨視的推計によれば、3.3〜3.6兆円が必要と算定されるが、財政投融資による資金調達額を現状の横ばい程度とみれば、2.5〜2.7兆円程度となる。しかし一方、これらの施設投資に当たつては、財政投融資に依存するまえに、新技術の導入、経営の合理化を図つて自己資本の拡充に努力することが肝要である。

また、郵便事業にあつては経営の合理化と、サービスの質の向上を図るため局内外施設の機械化や集配施設の機動化を促進する必要がある。

4. 住宅および生活環境の整備

最近めざましい向上を示している生産水準あるいは個人の消費生活に対して、国民生活の基本的な一側面をなす住宅、およびそれをとりまく上下水道その他の生活環境施設の立ち遅れは著しいものがあり、このままでは、その不均〔衡〕がますます深刻化してゆくおそれが大きい。

しかも、これら生活環境施設は、個人の意志や所得上昇のみで改善しうるものではなく、公共投資の拡大によつてはじめて可能となるものであり、住宅も程度の差はあれ、これと共通した性格をもつものである。そして、これらの整備は、直接国民生活水準の向上をもたらすだけでなく、健全な労働力の確保と再生産、社会的緊張の緩和、有効需要の拡大等の効果をもたらし、経済成長に貢献するものである。

このような住宅および生活環境の整備に当たつては、その基礎に都市計画的配慮が貫徹されなければならない。すなわち、人口と産業の合理的な地域配分計画に即応して、総合的、有機的な都市計画のマス

第13表　市街地面積と人口

項　　目		昭和30年度	昭和35年度	目標年次
総　人　口	（万人）	8,928	9,390	10,222
市街地人口	（万人）	3,833	4,543	5,936
非市街地人口	（万人）	5,094	4,847	4,286
既存市街地	面積（1,000ha）	304	341	341
	人口（万人）	3,833	4,543	4,947
	密度（人／ha）	126	133	145
新市街地	面積（1,000ha）	—	—	99
	人口（万人）	—	—	989
	密度（人／ha）	—	—	100

（注）既存市街地とは、昭和35年度における市街地である。

タープランを確立し、これにしたがつて効率的、合理的にあらゆる都市施設を整備してゆくことが必要である。その際とくに、いわゆる広域都市計画の観点が重視されなければならない。また、第13表に示した通り、人口の都市集中はかなり激しく、既成市街地内の人口は現在よりさらに約400万人も増加すると予想されるので、街路その他の公共施設の整備、第2、第3次産業用地需要の増大に対処しつつ、住環境の改善を達成するためには、市街地の最も効率的、合理的利用が実現されなければならない。

　住宅については、全般的にみれば応急対策の時期はすでに過ぎて、「健康で文化的」な生活を営むに足る住宅をすべての世帯に与えることを目標とすべき段階に達している。このため、今後の住宅対策においては、住宅の質的向上、都市住宅の不燃高層化、所得水準に応じた賃貸住宅の供給拡大などを基本的方向とすべきである。また、住宅建設に対する援助の制度方式は、常に経済情勢、社会情勢に応じて再検討されるべきであり、同時に、住宅行政が総合的見地から一元的かつ強力に実施されることが必要である。

　世帯数の増加と社会的移動および減耗住宅の補充のための建設に計

画期間内に8.8～9.7兆円（33年度価格、用地費を含まない。）の住宅投資が行なわれなければならない。このうち、公営住宅および住宅公団の賃貸住宅に対しては、用地費を含めて1.3兆円の行政投資が見込まれるが、都市の近代化、低所得層の住生活安定、労働力の可動性向上などの国家的要請を充足しつつ居住水準を向上させるためには、行政投資とならんで公的な長期低利融資などの施策を積極化することが必要である。同時に民間における住宅投資の促進とのぞましい方向への誘導が強力に推進されなければならない。

　住宅および公共施設の充実にとって、宅地問題は深刻化の度を加えつつあるが、それは根本的には宅地需給のアンバランスに起因する。そのため、住宅対策としては、都市機能を分散して、異常な宅地需要圧力を緩和するとともに、適正規模の借家を大量に供給することによつて不合理な持家建設のための宅地需要を減退させる努力も必要である。また、既成市街地の再開発等により既存宅地の利用度を向上し、土地利用の合理化を図るとともに、宅地の造成を積極的に推進すべきである。この宅地造成に際しては、長期的、総合的見地からできるだけ計画的に公的機関が実施の任に当たることがのぞましい。なお、計画期間における宅地の新規需要は、住宅用地が約5.8万ヘクタールであり、商工業用地、公共用地等を含めて約17万ヘクタールと見込まれる。

　このような住宅対策、宅地対策と並んで、生活環境施設整備の対策も強力に推進しなければならない。まず、上水道は、日常生活における重要性と消費量の増大傾向からみて、施設の強化拡充に一段の努力を払わなければならないが、今後の大きな障害は大都市における水源開発の問題であり、総合的な治水、利水事業、産業立地の動向等と有機的に関連させつつ克服されなければならない。

　わが国において殊に立ち遅れの著しい下水道は、生活環境施設のうちでも、とくに重点的に整備に努め、この計画期間に公共下水道につ

いては12〜14万ヘクタールの排水面積の拡大が、大都市に力点を置きつつ進められなければならない。この整備に当たつては、行政面での総合的、合理的運営が実現されるべきであり、道路整備との関連などにも留意する必要がある。また、都市における公園面積は、少くとも現在より0.9万ヘクタール増加させて、2.4万ヘクタール程度に拡大することがのぞましい。さらに、国立公園その他の自然公園、清掃施設をはじめ、保健所、母子施設等の厚生福祉施設、体育施設、図書館等の社会教育施設などの生活環境施設の整備は、いずれもかなり立ち遅れた状態にあるため、今後積極的に充実を図るべきである。

これらのうち、計画期間中に確保すべき行政投資は、下水道、清掃施設および簡易水道に対して、5,700億円、国公立病院、国立公園、社会福祉施設等の厚生福祉施設に対して4,000億円と見込まれる。

なお、騒音、臭気、建物の密集高層化にともなう見おろし、しやへい等の弊害をはじめ、産業の発展にともなう大気の汚染、水質の汚濁、地盤沈下などの各種の公害は、今後ますます増大してくると予想される。これらに対する防除策として、法的な規制が実施されるべきことはいうまでもないが、より根本的には、工業用水道の拡充、廃水処理施設、下水道、堤防等の公害防止のための諸施設の整備、用途地域制の励行、工場配置の適正化などの措置を促進することが必要であり、同時に公衆道徳とくに企業道徳の向上がのぞまれる。

5．国土保全と有効利用の方向

わが国はこれまでひん繁に風水害に見舞われており、戦後の年平均災害額はばく大な額に達している。これは現在の治山治水施設が外的条件に対し劣弱で、それを強化することが急務であることを示している。

水害対策は第一に治山治水事業の強化にあるが、同時にその他被害の発生を最小限にくいとめる施策が要求される。他方このような水資

源を有効に利用し、経済成長および産業構造や経済力の地域配置に対応させる必要があり、治水と利水が相互に矛盾なく補完的に発展することがのぞましい。

治山および治水事業で、とくに重点的に強化しなければならないのは多目的ダムの分野である。それは治水と利水の両目的を合理的に達成し、河川の最も有効な開発に資するものである。また、計画的な遊水池の設置や治山砂防等の事業の施行により水系を一貫して整備することが重要である。これらの治山治水のための投資所要額は1.12兆円と考えられる。

つぎに改修を要する延長12,000〜15,000kmといわれる海岸事業については、計画期間中はとりあえず重要地区を中心に行なうが、とくに産業立地の重要〔点〕地域における事業を中心とすべきであると考えられる。

またこのような治山、治水以外の水害対策として〔は〕、人命救助および救援対策、予報、警報の的確化と組織化、避難施設の強化、氾濫可能地域内の国富の耐水化などいずれも重要な意味をもち、この方向に沿つて現行の制度や機構を改善することに努める。

つぎに、利水に関して注目されるのは需要増加の著しい上水道、工業用水の需給で、10年後には前者は簡易水道をのぞき2,000〜2,200万トン/日、工業用水は約7,000〜8,300万トン/日の需要に達するものと推計され、用水の積極的確保を図るとともに、工業用水の回収率を向上する等利用の合理化に対する要請が高まつている。

利水需要の増大に対する供給は、貯水による流況の平準化と利用率の向上によるべきである。この際不特定需要者に供給できるよう建設事業を先行させる制度の改善が必要であり、また農業用水とその他用水のような利水相互間の調整は技術的な改善や将来の産業構造に即して合理的に行なわれるべきで、既得権を固定的に保護することは必ずしも賢明ではない。治水と利水がつねに有機的連けいを保つことはき

わめて重要である。

　以上の治水利水事業の実施に当たつては、事業の重点化と用地問題の解決に格段の努力を必要とするほか、つぎの点に施策の重点を指向する。

　第一に治水利水の相互補完的な発展を期待するためには、それらの分野を総合的に企画調整する機能の強化が不可欠のものと考えられる。このような機能は合理的な調査研究と理論的な根拠の上に立つてなされるべきものと考えられ、経済効果測定や計画技術の面で今後の努力が必要である。第二に、各種保全、開発の施設に対する〔強化である。従来は災害復旧が〕維持管理の代用をつとめていたといつても過言でないが、このような状態は責任体制の確立によつて改善されなければならない。第三に治水利水のための支出に当たつては、当該地域に対する経済効果、雇用効果を考えた弾力的なものでなければならない。とくに後進地域については、民生安定と所得格差の是正という観点から、その地域の経済安定に役立つような投資態度でのぞむ必要がある。

第3章　人的能力の向上と科学技術の振興

1. 経済成長と人的能力

　従来、日本経済において、労働力が経済成長の阻害要因となることはなかつた。それは、わが国が豊富なしかも安価な労働力にめぐまれていたからである。しかし、長期的にみれば労働力増加率の鈍化が予想され、しかも将来における科学技術の進歩、産業構造の高度化は、労働力の質的向上を強く要請することになる。

　この場合とくに現代社会経済の大きな特徴は、高い経済成長の持続と急速な科学技術の発展に支えられた技術革新時代ということである。この科学技術を充分に理解し利用し、社会と産業の要請に即応し、進んで将来の社会経済の高度発展を維持しつづけていくには、経済政策

の一環として、人的能力の向上を図る必要がある。

人的能力の向上は、国民全体の教育水準を高め、それによつて、広い知識、明確な判断力、適正な価値観と実践力を身につけることによつてもたらされる。これは国民経済の高い成長に対応した近代社会を形成する主体的な条件をつくりだすことを意味する。もちろん、教育水準を高めることは一朝一夕にはでき難いことであるから、長期的な観点に立つて漸進的に推進されるべきものである。この際わが国における長期的課題は中等教育の完成である。しかし、この計画期間中最も重要なことは、科学技術者および技能者の量的確保とその質的向上である。従来わが国においては技術進歩の多くが外国技術の導入によつてもたらされていたが、将来においては外国技術の消化吸収にとどまることなく、国産技術のいつそうの開発が必要となるので、科学技術者の養成が計画期間内において経済成長の阻害要因とならないよう緊急にその対策を考慮しなくてはならない。

以上のような認識にもとづいて、中等教育の普及、向上、科学技術教育の充実、職業訓練の拡充を図らなければならない。

なお、人間能力の開発活用については、将来ますますその重要性は増大し、しかも問題が単に教育、訓練だけではなく、経済、技術、社会生活の多方面に及ぶので、この際、審議会等の機関によつて、経済成長との関連で人間能力の開発活用に関する各種の問題を検討し、その対策の方向を明らかに<u>する</u>。

2. 科学技術の振興

科学技術は国民経済の発展と国民の生活水準の向上に役立つものでなくてはならない。この計画の達成に当たつては、科学技術水準の飛躍的な向上を図ること、とくに国内において新技術を開発しうる科学技術の基盤を確立することが必要である。そのためには、従来のような各産業間の技術的不均衡を是正し、基礎研究から応用研究、開発研

究にいたる各段階の均衡のとれた研究水準の向上を速やかに図る要がある。さらに教育、研究、生産の有機的な連けいを強化しなければならない。

　科学技術振興に当たつて基本的な問題は、科学技術教育を中心とする人材の養成、研究開発の推進および工業化対策の改善である。人材の養成の必要性は今後ますます増大しよう。それは、最近の新技術の開発や研究活動の増大にともなつて研究者の需要が増大したこと、およびオートメーションの普及にともなつて計測制御、生産管理、設備保全等の新しい型の専門技術者の需要がふえているためである。さらに、経営管理部門、販売部門等においても技術者の需要が増加し、また、一般管理者、職員等についても技術的素養の必要性が認識されてきている。したがつて、このような科学技術者需要の増大を考えると、倍増計画期間内においておよそ17万人の科学技術者の不足が見込まれるので、理工学系大学の定員について早急に具体的な増加計画を確立するものとする。したがつて、経済成長に即応し、既存大学における学部、学科の構成に再検討を加えるとともに、理工学系施設の拡充とその効率的利用を促進しつつ、定員増加を図る。それと同時に産業立地政策および教育分散に対応して適正な地域に工業大学を設置し、この新工業大学においては、従来の教育方法にとらわれることなく、新しい効率的な教育方法を行なうべきであろう。

　このほか、科学技術の質的な面を改善するために設備基準の引き上げ、老朽設備等の更新を図るとともに民間および大学における諸設備の相互利用、学生の民間企業への実習、民間からの大学諸設備への援助等によつて、効率的な科学技術教育を推進することが期待される。また、理工学系学生の増加に対応して教員の増員が見込まれるので、大学院における教員の養成を図るとともに、この確保に当たつては産業界との人的交流を図る等産学協同がとくに重視される。

　わが国は、技術水準の後進性ゆえに、技術進歩の多くを外国技術に

依存してきた。しかしながら、今後長期にわたる高度の経済成長を可能とするためには、外国技術の導入もさることながら、国内における独創的研究および開発の推進がのぞまれる。研究投資の総額は、国民所得との相関からすう勢的にみれば目標年次には約3,000億円と試算される。これは33年度の約4倍に当たり、国民所得に占める割合は33年度の0.9％から1.3％に上昇することになる。しかしながらわが国の今後における科学技術の水準向上の要請からすれば、研究開発のために先進諸国における研究投資の割合2％（4,000億円）まで高めることがのぞましい。

　研究投資の拡充とならんで研究体制の整備、すなわち、優秀な研究者がその能力を十分に発揮できるような環境の整備と、研究者の養成機関としての大学院の強化を図つて、その主体的な条件を整備するとともに、各研究段階の深化とその連けいを強め、研究規模の大規模化にともなう共同体制の確立がいつそう必要とされよう。このほか、科学技術の情報活動や国際的交流が科学技術の進展のために推進される必要がある。

　基礎研究から開発研究までを一貫して企業活動の一部として行なう方向はより推進されなければならない。とくに工業化試験に関しては、民間企業の積極的な活動がのぞまれる。また、基礎研究、政府国有の事業にともなう研究、民間においてなしえない研究ならびに、研究開発能力に乏しい中小企業等のための研究や技術指導等については、大学および国の研究機関の役割が今後いつそう高められるべきであろう。

　なお、工業化を促進するためには、技術交流の活發化、共同体制の確立、資金の集中的活用等がその中心になるべきであろう。また、政府としては企業の工業化意欲を増大させる方向に誘導するため、特許制度の改善や試験研究等に関する税制の改善および中小企業に対する技術開発援助を図る必要があり、さらに技術の高度化、量産化の前進にしたがつて合理的な規格の設定を図る必要がある。

3. 教育および職業訓練制度の確立

　今後における就業構造の近代化に対応して技術者、技能者の需要が増大する。これにともない目標年次における工業高校程度の技術者の不足は44万人と見込まれるので、計画期間中に工業高校の定員は相当数の増加を図る要がある。さらに技能者については、新たに技能訓練によつて約160万人の充足が必要と見込まれるほか、再訓練すべき人員は、約180万人と見込まれる。

　工業高校程度の技術者の養成にあたつては、工業高校の増設を必要とするが、この場合産業および人口配置の適正化に資するよう考慮しなければならない。また、教育内容については、基礎的科学、基礎的専門知識を修得し、応用能力を養うことに努め、施設設備については質的改善を図る必要がある。さらにこれら拡充に必要な教員の養成と再教育についてはとくに緊急措置を必要とする。

　学校教育とならんで職業訓練の重要性と緊急性は増大している。しかし、職業訓練は国民の理解が不十分な点を考慮して、これを社会的慣行として確立する必要がある。産業の高度化につれて既存労働者に対する専門的な技能、知識を与えるための再訓練とともに、新規労働力に対する養成訓練の拡充強化を図らなければならない。このことは生産性の低い部門からの労働移動を円滑に進めるためにも必要である。したがつて、公共職業訓練機関の施設設備の拡充を図るとともに職業転換訓練期間中の所得保障の措置等の強化を検討する必要がある。また技能訓練は企業内における職業訓練の実施を強力に促進することが必要であるが、それの困難な中小企業の技能訓練のために指導援助等を進める必要がある。そして、技能者の社会的評価を向上するために技能検定の普及ものぞまれる。

　教育訓練について、さらに今後重要となることは産学協同であつて、教員、指導員の充足のために民間技術者、熟練技能者との協力体制な

らびに学校教育と職業訓練との連繋の促進を図ることが必要である。

　他方、青少年の就職に当たつては、自己に適した職業を選択し、自己の能力を十分発揮できるよう職業指導を普及強化することが、人間能力の活用にとつて重要な手段であることを忘れてはならない。

　技術者、技能者の養成とならんで、一般国民の資質の向上を図るための施策は高度の経済社会を維持発展させるためにも不可欠の要件である。すなわち経済規模の拡大、国民生活の向上、民主主義思想の普及につれて、教育訓練は人間能力の開発向上、近代生活にふさわしい人間の形成という両面から重要性を増大している。このため、「すべての者に中等教育を」という原則の遂行が世界的課題として提起されていることにかんがみ、15歳〜18歳の年齢期の青少年がなんらかの形態で教育訓練を修得できるようにしなければならない。

　わが国における高校進学率は昭和35年現在59.8％に達している。計画期間中に予想される国民所得の増加、産業構造の近代化、技術の進歩等の諸条件をかん案すると、一人当たり国民所得との相関々係を基礎とした高校進学率は目標年次に72％に達するものと推定される。この間、昭和38〜40年は高校進学急増期に当たるので、高校の増設を必要とするが、その際工業高校等の増設が中心に考えられなければならない。

　その結果、目標年次における25歳以上人口の学歴構成は、中等教育が24.4％を占め、昭和30年の12.6％に比較するとその比率は倍加し、一般国民の教育水準は一段と向上する。（第14表）

　この際、中等教育の完成は高校教育によつてのみ達成されるべきものではない。将来は職業訓練、各種学校等の青少年に対する各種の教育訓練を中等教育の一環とすることに資する政策を確立することが必要である。

第14表　25歳以上人口学歴構成推計

区　　分	25歳以上人口	％	無就学者	就学者計	義務教育	中等教育	高等教育
	(万人)						
昭和5年度	2,854	100.0	31.0	69.0	65.0	2.3	1.7
昭和30年度	4,245	100.0	6.0	64.0	78.3	12.6	3.1
目標年次	5,904	100.0	1.5	98.5	68.1	24.4	6.0

(注) 1. 無就学者には就学免除者をも含む。
　　 2. 義務教育には高等小学校をも含む。

第4章　社会保障の充実と社会福祉の向上

1．経済成長と社会保障

　戦後、わが国の成長は、その成長率としてみる限り目ざましいものがあつた。しかし、高度の成長にもかかわらず産業の二重構造と賃金格差は、必らずしも解消の道をたどつてきたとはいえない。近年における高い成長は、逆にその格差を強めてきた面もみられる。このことは、各産業の発展に著しい開きがあつたこと、そしてそれに応じて労働力の移動が十分円滑に行ないえない条件があつたからにほかならない。とくにわが国に残る終身雇用制、特殊な退職手当制度、年功序列型賃金制度等の諸要素が労働力移動を困難にしているという事情はこの際とくに強調しておく必要がある。したがつて、今後高度の経済成長の過程において労働力に不足の傾向が生ずるとしても所得格差の拡大をもたらす可能性が皆無とはいえないので社会的緊張を緩和するための配慮が必要である。

　そのため、この計画期間中に現行最低賃金制度を強化拡充することをはじめ、国民所得分配の第一次段階において、所得の格差を現状以上に拡大させない政策の確立が必要である。もちろん、自由経済を前提とする計画である以上、統制的な措置が度を過ごすならば、企業意

第15表　振替所得収支　(33年度価格　単位:億円)

項　　目	基準年次	目標年次	国民所得に対する割合(%) 基準年次	国民所得に対する割合(%) 目標年次
（収　入）				
振　替　支　出	2,073	6,660	2.6	3.1
社会保険負担等	2,563	9,160	3.2	4.3
計	4,636	15,820	5.8	7.4
（支　出）				
振　替　所　得	3,804	12,934	4.8	6.1
社会保険積立金増	832	2,886	1.0	1.4
計	4,636	15,820	5.8	7.4

欲や勤労意欲を傷つけ、経済成長そのものを妨げる結果をもたらすし、また、この種の措置を急激に行なうために生ずる経済全体への影響を十分考慮しなければならない。

　このような種々の条件を考えれば、所得格差の拡大を防止する面において社会保障の役割は、ますます重くならざるをえない。また、有効需要の喚起、景気変動の調整、各種年金制度の発展にともなうぼう大な資金蓄積等の点から考えて社会保障のもつ経済効果は看過できない。なお、今後この計画にともなつて生ずる大幅な労働力の産業間流動、とりわけ農家人口の大規模な移動を促進し、農工間の所得不均衡を是正するうえにおいて社会保障の果す構造改善的役割も忘れてはならない。

　以上のような状況をかん案して、計画における社会保障の充実については、国民所得に対する振替所得の割合を基準年次の4.8%から目標年次に6.1%までの上昇を見込んだ。（第15表参照）これは35年度から年率8.9%の伸びとなつている。これをもつても社会保障の規模は先進諸国のそれに及ばないが、計画期間中相当な改善が予想される。社会保障の目標は一定水準以下にある者をできる限り少なくすること、救貧でなくいわゆる防貧にある。この防貧組織としての社会保険はす

でに規模においては全国民的になろうとしている。今後はその内容を全国民的視野に立つ公平と均衡の基礎の上に発展させなければならない。しかしながら保険組織による防貧制度には、おのずから限度がある。したがつて、これを補完するものとして、母子、身体障害者、精神薄弱者、要保護児童その他経済的弱者に対する社会福祉の分野においてもいつそうの拡充がのぞまれる。

とくに、この際経済成長と関連して最低生活水準の考え方について一言しておく必要があろう。

最低生活水準とは国民の健康で文化的な最低限度の生活を保障する水準を意味するものであり、それは生活保護基準はもとより各種の社会保険給付や最低賃金等の水準を算定する際の最低基準となるべき概念である。したがつて、社会保障政策の遂行に当たつて重要な鍵をなす概念である。従来、ややもすれば最低生活費は絶対的なものとしてとられがちであつた。たとえば、在来の保護基準は肉体的生存に必要不可欠の家計支出金額を各費目について積算し、これを中心として算定されてきた。しかしながら、社会保障における最低生活は、国民が相互に一定限度の生活を保障し合うという社会連帯の国民感情や、一定の地域、一定の時点における生活習慣等をも考慮に入れて定められるべきであり、一般社会生活の発展に対応してゆく相対的なものである。今後の社会保障の推進は、この意味における弾力的な最低生活水準を基礎として展開されなければならない。

2. 社会保障施策の方向

高度の成長にもかかわらずわが国では貧困と疾病の悪循環が依然として残されており、生活扶助基準の引き上げと医療の機会均等を推進することが急務である。国民皆保険制度は35年度末をもつて一応その目標に到達するが、この計画期間における労働事情からみて医療保険のうち、とくに国民健康保険や日雇労働者健康保険については改善を

要する点が少なくない。とくに国民健康保険については低所得者層が利用できるように給付水準の引き上げの措置が必要であろう。また健康保険に加入させることのできない零細企業労働者に対しては傷病手当制度の新設とか保険料の事業主負担を考慮しなければならない。さらに、たとえば結核、精神病のように多額の治療費を長期に必要とするものに対する公費負担制度について格別の措置をとらなければならない。そのほか、無医地区、無病床地区の解消等についても十分考慮しなければならない。

　老後の生活の安定、不具廃疾の場合の生活保障、一家の生計のにない手の死亡や疾病の場合などにおける遺家族等の生活の安定が確保されないと人々は安心して生産活動に従事しえないであろう。とくに失業の場合の生活保障については産業間の激しい労働力の移動を予想するこの計画において重要な役割を果すことになる。この意味で、失業保険の適用範囲の拡大、失業期間における医療保険の適用、低賃金労働者についてその最低給付金額の引き上げ等を考慮する必要がある。

　公的年金制度については全般にわたつて、体系的に整備し、その給付金額の引き上げ、給付条件の検討を行なう必要がある。また、年功序列型賃金制度の是正を促進し、これによつて労働生産性を高めるためには、すべての世帯に一律に児童手当を支給する制度の確立を検討する要があろう。

　生活保護制度は、さきに述べたように生活保護基準の算定方法を再検討し、これを相当に引き上げなければならない。そしてそれにともない現行の勤労控除制の改訂をはじめ、各種加算制度の検討も必要である。また、医療扶助、住宅扶助、教育扶助その他についても改訂を要すべき点が少なくない。ことに医療扶助については、できる限り国民健康保険の充実や公費負担制度の強化によつて、その金額の減少を図る必要がある。

　社会保障の中心課題が防貧にあるとすれば、福祉対策の推進はもと

より当然のことである。これについては、まず一般低所得者層、とくにそのうちで比較的多数を占める老人、身体障害者、精神薄弱者などの福祉対策の強化を図らなければならない。つぎには、将来の労働力人口である幼少年層や母子世帯に対する各種の福祉対策の充実が必要となる。このため、低所得者層に対する貸付金制度の強化、授産事業の振興、副業制度の近代化、身体障害者に対する雇用の促進等を図る必要がある。さらに、今後の大きな問題として、成人精神薄弱者に対する援護の施策を計画的に拡充する要がある。

将来、老齢人口の増大にかんがみ、高齢者に対する総合的施策を実施する必要がある。また、児童については、その人口の減少が見込まれる。今後の経済の高度成長には、この限られた人口の素質および能力の向上が前提となるので、その栄養、健康管理、母性保健対策、非行対策、教育等総合的な対策をいっそう徹底させる必要がある。

第5章　財政金融の適正な運営

1．財政金融政策の基本的方向

この計画における財政金融政策の基本的な課題は、通貨価値の安定を確保し、景気変動の振幅をできるだけ小さくするよう配慮しながら、経済成長に必要な資金を円滑かつ適正に供給することにある。

まず、第一に通貨価値の安定であるが、経済成長は通貨価値の安定に裏づけられてはじめて健全な成長といえる。この〔ため〕財政の健全性を保持するとともに、財政金融的手段によつて通貨量を経済成長の速度と経済構造の変化に見合つた妥当な水準に維持することが肝要である。

景気変動の調整については、財政的手段と金融的手段による調整がある。前者においては、まず予算を経済動向の慎重な見通しを前提に、経済を安定的基調で誘導するよう配慮しつつ編成することが必要であ

る。そして機に臨み変に応じて財政支出の削減、繰延べ、支払の促進ならびに余裕財源の留保およびその活用などを図る必要があろう。将来もし公債の発行が許される場合にはその発行による調整作用も考えられる。ただ現行の財政は予算制度上、運用が比較的硬直的で年の途中で景気の変動に即応する機能が小さく敏速でないので、今後財政の弾力性を高める措置について検討することがのぞましい。

　一方、金融的手段による調整はその効果の及ぶところが大きく、また弾力性にもとむので今後いつそう重要な役割をもつべきであろう。

　これまでは現金通貨の供給は金外貨の買入れのほかに主として中央銀行の貸出しを通じて行なわれてきたので、通貨量の調整は金利政策等により行なわれるところが大であつた。今後は公開市場操作、支払準備率操作等の発動もあわせて考慮するとともに、金融政策の活用に当たつては、それらは景気変動に先立つて、前向き機動的に運営されなければならない。

　このように財政と金融は各経済における独自な役割をもちながらも、相互に補完的機能を十分発揮していくことが強く要請される。この意味で、財政収支の季節変動や大幅な引揚超過が金融面に及ぼす影響が大きいので、民間資金がそのため圧迫されることがないような配慮が必要である。また、金融に対する補助的調整手段として財政投融資のもつ役割もこれまで同様重視されるべきである。

　財政金融政策における第二の課題は、経済成長のための所要資金の確保とその適正な配分である。その場合、政府資金と民間資金とは相互に補完し合う関係をもちながら、前者は主として経済基礎の強化に資すべき公共投資や、政策的配慮を要する一部産業や、社会福祉や教育など民間資金の流入しにくい分野に配分され、一方後者は民間企業に配分されるのが原則である。

　ここにいう成長のための資金とは、ただたんに生産設備や社会資本の拡充のみでなく、その近代化と合理化のための資金や輸出振興のた

めの長期金融を包含するものである。なお今後増大が予想される消費者金融については、情勢に応じ適切な調整の政策を講じうるよう配慮することが必要である。

これらに対応する資金の調達において、まず政府のそれは、主として強制的な租税の形でなされるので、その限界については国民負担と民間資本蓄積とのバランスを考慮することが必要である。

民間の資金調達は民間の蓄積に負うところが大きい。そのうち個人貯蓄は、消費水準がある程度上昇するとはいえ資本蓄積に占める割合は依然大きく、ひきつづき重要な役割をもつことが期待される。また、企業の資本減耗引当と法人留保については、企業の減価償却制度の適正化、法人税負担の軽減など税制面の適正な配慮を行なつて一層の充実を図ることが必要であろう。なお、資本市場を健全な方向に育成し直接金融方式による資金調達の道を拡大して、企業の資本構成の是正をおし進める必要がある。

つぎに、財政の運営についてのべておく必要がある。とくに、この計画期間中には、社会資本の拡充を中心とする行政投資の需要がふえており、民生安定に関する振替支出需要も強い。しかも他方では消費的支出の節減圧縮にもおのずから限度がある。このような点からみて、財政支出の膨張圧力は根強いものであり、そのうえ収入面では国民負担を軽減しなければならないという要請もあつて、収支をいかに適切に調整していくかということが重要な課題となつている。このような理由で、つぎの三点にとくに留意する必要がある。その一つは、財政の健全性の保持である。この場合、とくに問題として長期的にみた財政規模と減税額のいかんによつては公債発行が問題になるであろうが、一般会計の赤字補填に当てる公債は回避しなければならない。それにここ当分は高い成長に見合つて自然増収もあり、また支出節減による財源もあるので、必要支出をまかなうにたりると考えられる。しかも現在のところ公債発行の基礎条件も熟していないので発行すべきでな

い。しかし、将来資本市場の環境が整備された場合、経済の実態に慎重な配慮を加えながら償還財源のつくものに限つて、市中公募の形で発行することは考えられよう。

その二は、財政規模の適正化である。財政支出は需要効果をもつものであるから、その規模の決定やその支出は景気に対してできる限り弾力的に行なわれるべきであるが、つねにその規模が国民の税負担にかかつていることを考えなければならない。

わが国の租税負担率は35年度において20.5％（中央・地方を含めての対国民所得比）と終戦後から次第に減少しているが、戦前に比べてなお高い。また、先進諸国に比べると率の上で低いが、これらの国に比べわが国は所得水準も低く、また国民に還元してくる振替支出の割合も少ないので、実質的に負担は高く感じられている。したがつて、今後国民所得の増大に応じ年々相当の自然増収が考えられることでもあり、減税は公共投資や社会保障などの不可欠の支出要求とともに優先的に考える必要があろう。

以上のような点からみると租税負担率は計画期間を通じて現状とあまり変わらないことが適切だと思われる。しかし、計画の後半期に所得が上昇し個人の租税負担感が緩和される時期には、社会保障費の充実という点などから租税負担率を再検討する必要がでてこよう。

その三は、中央地方を通ずる財政支出の効率化と重点化である。財政は国民の負担によつてまかなわれるものであり、かつ支出を必要とする項目も非常に多いので、支出の合理化と重点化がとくに必要である。この点からみれば現在の機構や制度は必ずしも満足すべきものではない。したがつて、過去の経緯にとらわれることなく思いきつた措置が行政消費の面でも行政投資の面でもとられる必要がある。経済性を無視した放漫な支出や実施機関の相互のセクショナリズムを打破する必要がある。

2. 財政金融に関する重要施策

以上述べたような財政金融の基本的方向と、それに課せられている課題から考えて、今後の財政金融に関する重要施策としてつぎの5点が考えられる。

第一は、社会資本の充実と社会保障の推進である。従来の遅れをとりもどし、将来成長の隘路とならないように産業立地、産業基盤の強化、民生福祉施設の整備、国土保全等の社会資本に対する行政投資の増額が逐年図られてきたが、これからもいつそう強力に進める必要があろう。それと並んで社会保障の充実と社会福祉の向上も、経済規模の拡大とともに積極的な配慮を要する重要な政策となつてきている。両者はともに計画全期を通じての最優先項目であるが、この計画ではどちらかといえば行政投資は前半期に振替支出は後半期にウエイトをおくものと考えた。

第二は租税制度の合理化である。国民生活の向上、勤労意欲の推進、産業の振興、企業の体質改善の見地から直接税と間接税の比重をかん案しながら国民負担の軽減と合理化を図る必要がある。また、中央および地方を通ずる税制を今後の経済成長と構造変化に即応できるよう整備する要がある。なお関税についても同様の考慮を必要としよう。

第三は、財政投融資政策の適切な運営である。ここ数年来、財政投融資の中で産業部門に対する資金供給の比重は小さくなつてきている。財政投融資の重点は生産の回復とともに漸次道路、鉄道、住宅、上下水道等の社会的公共資本部門の拡充、農林漁業の近代化および中小企業の育成強化あるいは低開発地域の開発という点に移つてきている。当面産業構造高度化や輸出振興のための資金需要も留意しなければならないが、このような方向は、今後とも経済性と能率化を前提としておし進められるべきである。同時に、財政投融資は金融に対して大きい補正的役割をもつているので、景気変動の調整方策として適切な運

用に期待するところが大きい。

　第四は金利機能の発揮と金利水準の引き下げである。変転する国際環境に即応し、経済の安定的成長をつづけるうえで、金利の調整的機能を高める必要はますます増大している。それを効果的にするために、まず、長短金利体系のひずみを是正し、次第に金利の弾力性を回復することが必要である。

　自由化移行とも関連して現在の比較的高い金利水準を引き下げることが産業界の強い要請になつているが、そのためにはまずそれを実現可能とする環境をつくりあげることが必要である。これと関連して金融機関の経営合理化の推進や、業務分野についての再検討ものぞましい。

　第五は、外資導入と海外投資の推進である。安定的長期の外資の導入は、成長促進にとつて好ましいものである。とくに、計画期間の前半期では、国内資本の蓄積も十分でなく、また金利水準はここ当分の間国際水準に比べて高いと予想されるので、成長を促進するうえからも政策として重点的にとりあげられなければならない。一方、国際経済協力の立場での海外投資も国力の発展に応じ拡大を図る必要がある。

第3部　民間部門の予測と誘導政策

第1章　民間部門の地位

1．経済成長と民間産業の課題

　この計画においては、民間の経済主体が、自由企業と市場機構を通して経済合理性を追求しつつ、その創意と工夫により自主的活動を行なう立場を尊重する。したがつて、民間部門についてのこの計画は展望的な性格をもつものであり、民間企業はここに描かれた国民経済の将来の動向と各種のインフォーメーションをもとに企業自体の長期計画を立て、過度に政府に依存する態度をやめて、自主的責任体制を確立することが期待される。

　このような体制のもとに民間企業はつねに内包する潜在エネルギーを最大限に発揮し、経済の成長発展に貢献すべきである。それが結局は国民所得の増大と国民の生活水準の向上をもたらすものである。

2．政府の誘導政策のあり方

　民間部門に対する政府の役割は、その活動が十分に行なわれるような環境を整備し、市場機構を通じて自由な活動の成果が経済合理性をもたらすような基礎条件をつくりあげ、その間の障害を排除し、あい路を打開することにある。この間必要に応じ、補完的立場において民間活動を刺戟し、助長し、誘導して国民経済の高度の安定的成長を促進するものとする。

　このような基本的考え方のもとに、民間部門に対する政府の政策を進めるに当たつては、残存している産業に対する直接統制をできるだけすみやかに廃止し、個々の企業活動に対する直接規制的な行政を最

小限度にとどめる。市場経済の機構に対する補正的意味である程度の介入を必要とする分野があるが、その際もできるだけ経済合理性を貫く立場を<u>とることとする。</u>

　第一に、電力、ガス、運輸、金融〔等〕の業種については、公益的見地またはその独占的性格にかんがみ政府の関与が必要であろう。現行の鉄道運賃や公益事業の料金政策については現在資源の適正配分あるいは経済の循環をゆがめている面もあるので、企業経営の格段の合理化を前提として経済合理性の見地から、漸次これを是正<u>するものとする。</u>

　第二に、外国為替については自由化を積極的に進め、米については直接統制を廃止して間接統制にきりかえる<u>ものとする。</u>これらの間接統制は、経済安定を維持するうえに基礎的問題を含んでいるため、自由機構の例外措置として、こんご相当の期間必要となるであろう。

　今後の為替貿易の自由化と国際競争の激化は、企業間の競争を激しくし、産業構造の改変をおし進めるであろう。その際、政府としては、民間部門の円滑適正な活動と自由かつ公正な競争が行なわれるよう努める。また、一般消費者および第三者の利益が侵されないよう配慮し、あわせて新規業者の合理的な進出を可能とするような体制をつくる必要があるが、同時に過当競争に陥らせないよう努める。このような立場に立つてはじめて経済の合理性が生かされ、かつ消費者の保護も可能となるのであるから不正不当な競争や不当な行為による独占化あるいは正当な理由のない価格協定等による価格引き上げ、あるいは消費者の利益を害するようなカルテル化は基本的に排除すべきである。しかしその反面、貿易自由化に対応して産業の国際競争力を培養し、工業高度化を達成するための新しい産業秩序の形成を忘れてはならない。

　また、自由化に際しては関税政策が重要な意義をもつことになるが、諸外国との有機的合理的経済交流の拡大、今後の経済成長、構造変化に即応できるよう関税を整備する必要がある。将来、比較生産性の立

場からみて発展可能性のある幼稚産業に対して一定期間を限つてある程度の保護を与える必要はある。しかし、発展の可能性のない産業に対しては雇用政策に十分留意するが、たんなる救済的保護はとらない。このような措置は、さし当たつては産業や企業にかなりのきびしさをしいることになるが、このような過程を通じてこそわが国の国際競争力が強化され、経済成長をささえる源になるであろう。

第2章　貿易および経済協力の促進

1．国際収支の改善

国際収支の限界が戦後におけるわが国経済の成長を制約してきたことは周知の通りである。

今後、わが国経済の体質はひきつづき改善されてゆくであろうが、この計画期間を通じて国際収支、とくに輸出が依然重要な原因であることは否めない。

経済の円滑な発展のためには、原則として輸入を自由とし、それをまかなうのに十分な輸出を確保することが要請される。

このようにみると、輸出の消長はこの計画全体が達成されるか否かの重要な鍵であるということができよう。

世界貿易は過去10年年率6.2％（1950〜59）という急速なテンポで拡大過程をたどつたが、今後戦後的要因の消滅とその規模の拡大にともなつて発展率が次第に鈍化することはまぬかれないとしても、計画期間中平均4.5％程度の増加を想定することができよう。さらに今後の国際経済関係において先進諸国の貿易為替自由化の推進、低開発国の国際収支難、東西貿易の漸進的正常化等が考えられる。

このような諸前提のもとに国際収支については、計画の目標達成に必要とされる輸入、その他の支払項目の規模を算定し、この支払をまかなうのに要する輸出をはじめとする受取項目の目標値を設定した。

その結果、輸出は目標年次に93.2億ドル（通関ベース）とした。この規模は輸出品の国際競争力および供給力の増大、輸出振興策の強力な推進を前提としたものであり、基準年次に比べて3.5倍、年率10.0%の伸張となつている。この輸出目標値は世界貿易において5.6%のシェアーを占めることを意味し、昭和34年度の3.4%に比べると大幅な増大となるわけである。

　輸入は計画期間を通じて経済規模の拡大に応ずる増加要因のほか貿易自由化の影響を考慮して目標年次に98.9億ドル（通関ベース）に達するものと見込んだ。これは基準年次の3.2倍に当たり、年率9.3%の増加を意味する。その結果輸入依存度（通関輸入額／国民所得）は貿易自由化の影響が強くあらわれる計画の前半期に上昇の幅が大きく、後期に比較的少ないとみて、基準年次の14.1%から16.7%へ増大することとなろう。これらの輸入を為替ベースでみると、輸出84.9億ドル、輸入80.8億ドルで貿易収支は4.1億ドルの黒字となる。このほか貿易外収支において受取13.1億ドル、支払15.4億ドル、長期資本取引で受取5.4億ドル、支払5.9億ドルを見込んでいる。また、必要な外貨準備高を維持するため、目標年次の国際収支尻は2億ドルの黒字と設定した。（第2表参照）

2. 貿易構造の変化とその対策

　国際収支において貿易収支のバランスが最も重要な地位を占めることはいうまでもない。まず輸出拡大のためにはわが国商品の国際競争力の強化が欠くことのできない要件であるが、このことを基本的前提として目標年次の輸出について商品構造と市場構造の両面から検討を加えた。商品別輸出目標値は輸出商品構成比の長期的変化の動向を基礎として、将来政策的に意図される国内産業構造の変化を加味し、あわせて予想される世界貿易の商品構造の変化もにらみ合わせて設定したものである。

それによれば、輸出伸長に最も有力な要因と目されるものは機械類である。目標年次には軽機械を含んで39億ドル、基準年次の約5.8倍が想定され、輸出構成比でも24.5％から41.3％に増加することとなるが、この機械類の輸出にはかなりの努力が要請されよう。ついで雑製品が2.5億ドルから12.1億ドルへ、構成比で9.1％から12.9％へと増大することが見込まれている。これらに対して、従来輸出の大宗をなしてきた繊維品は市場条件の変化を反映して8.8億ドルから17.2億ドルへと2倍弱にとどまり、構成比は32.5％から18.5％へと比重の低下が著しく機械類を大幅に下回るものと想定される。このような商品構造の変化は二つの方向を示唆している。最も注目すべき傾向は、機械類、化学製品、金属および同製品の比重増加と繊維・衣料の比重低下である。この結果、重化学工業品の構成比率は37.6％から53.5％へ増大し、輸出構造は重化学工業品化の方向が一段と明確化することとなる。このような重化学工業品化は、今後予想される世界需要の動向に適合させるとともに、低開発国の工業化の進展を考慮して、将来外貨獲得の中心的役割を重化学工業品に期待したものである。つぎに、特徴的な傾向は雑製品の比重の増大であるが、雑製品は現在の段階で競争力をもつ商品であり、わが国労働力の特性を生かす分野でもあるので輸出構造の高度化の後においても、いぜん重要性を失わないであろう。

　目標年次の市場構造における特徴的傾向は、北米、欧州等高所得地域に対して基準年次の4倍以上の規模を期待していることである。このうち、アメリカおよびカナダは繊維品、雑貨等のほか機械類、化学製品等に重点をおいて31.4億ドルを目標とした。また、欧州には耐久消費財、食品、高級繊維品等を中心に11.3億ドルの輸出を見込んでいる。

　これに対して、アジア、アフリカ等低所得地域については、経済開発の過程における国際収支難は深刻なものがあると予想されるので、今後購買力の付与を目的とした経済協力の有効な実施を前提としても、

第16表 商品類別輸出額（通関ベース）

類　　別		基準年次(A) 金　額	基準年次(A) 構成比(%)	昭和34年度(B) 金　額	昭和34年度(B) 構成比(%)
重化学工業品	機械類および運搬用器機	603	22.4	855	23.6
	金属および同製品	292	10.8	448	12.3
	薬材化学製品	120	4.4	169	4.7
	計	1,015	37.6	1,472	40.6
軽工業品	繊維衣料	879	32.5	1,068	29.5
	食品飲料および煙草	206	7.6	252	6.9
	軽機械類	56	2.1	86	2.4
	その他	246	9.1	459	12.7
	計	1,387	51.3	1,865	51.5
工業製品		2,402	88.9	3,337	92.1
その他		299	11.1	288	7.9
合　計		2,701	100.0	3,625	100.0

(注)　増加率欄( )内は年率を示す。

目標年次までに大幅な輸出伸張は期待し難いようである。

　その結果目標年次の市場構造は、先進国向け輸出が基準年次の35.6％から45.8％へと比重を高める反面、低開発国向け輸出の比重は61.4％から49.0％へと低下することとなる。

　また、共産圏諸国向け輸出は、貿易関係の正常化を想定したが、なお不確定要因が多いので、目標年次4.8億ドル、構成比5.2％を目途とする。

　このように高水準の輸出を実現していくことは、決して容易なわざではない。目標達成のためには基本的方向として、国内産業の構造高度化に即して推進されるべきであるが、今後ますます国際競争の激化が予想されるだけに、つぎのような輸出振興政策を強力かつ継続的に推進しなければならない。

(イ) 経済外交の推進

　国際経済関係の円滑化を図り、輸出伸長に対する阻害要因を除去す

第3部　民間部門の予測と誘導政策

(単位：100万ドル)

| 目標年次(C) || 増加率 ||
金　額	構成比(%)	C／A(%)	C／B(%)
3,450	37.0	572 (14.3)	404 (13.5)
1,040	11.2	356 (10.2)	232 (8.0)
493	5.3	411 (11.5)	292 (10.2)
4,983	53.5	491 (13.0)	339 (11.8)
1,723	18.5	196 (5.3)	161 (4.4)
547	5.9	266 (7.8)	217 (7.3)
400	4.3	712 (16.3)	468 (15.1)
1,206	12.9	490 (13.0)	263 (9.2)
3,876	41.6	280 (8.2)	208 (6.9)
8,859	95.1	369 (10.5)	265 (9.3)
461	4.9	154 (3.4)	160 (4.4)
9,320	100.0	345 (10.0)	257 (9.0)

るため、今後経済外交を強力に推進しなければならない。海外における対日GATT 35条援用をはじめとする差別的輸入制限の解消、通商航海条約および租税協定の締結、あるいは共産圏諸国との経済関係の円滑化等について努力するとともに、在外公館の経済問題に関する機能の拡大強化も図る必要がある。また国際機関の場において、広い視野に立つて多角的な経済外交を推進する必要がある。

(ロ) 輸出市場の維持拡大

　輸出市場の維持拡大のためには、他にかかげる諸施策のほか、海外市場調査の拡充、輸出品宣伝の強化、片貿易の是正等を進めなければならない。

(ハ) 貿易体制の改善・整備

　貿易体制の改善、整備のためには商社機能の強化はもとより必要とされるが、わが国輸出の過当競争を是正するため、輸出入取引法を中心とする法的措置とともに各種の行政措置をとる要がある。とくに、輸出売込み方法の不備のため、相手市場を混乱に陥れないよう、その流通機構の研究に努め、販路拡大上必要な措置を講ずるとともに、合理的価格によつて売込むなどの努力が必要とされる。なお、中小企業製品については販売体制の強化、整備を要する点にかんがみ、輸出促

第17表 商品類別輸入額（通関ベース）

類　　別	基準年次(A) 金額	構成比(%)	昭和34年度(B) 金額	構成比(%)	目標年 金額
食　　料	539	17.2	499	12.6	804
原 材 料	1,439	46.0	1,995	50.2	3,789
繊維用	645	20.6	778	19.6	1,131
薬材化学用	73	2.3	81	2.0	94
鉄鋼用	238	7.6	390	9.8	901
非鉄金属関係	100	3.2	155	3.9	573
農林関係	244	7.8	350	8.8	599
その他	139	4.4	241	6.1	491
鉱物性燃料	476	15.2	693	17.4	1,863
半 製 品	276	8.8	312	7.8	1,093
完 成 品	393	12.6	471	11.8	2,330
機械類	304	9.7	366	9.2	1,735
その他	89	2.9	105	2.6	595
そ の 他	4	0.1	6	0.2	12
通関輸入計	3,126	100.0	3,976	100	9,891
輸入依存度　%		14.1		―	

（注）　増加率欄（　）内は年率を示す。

進のための積極策を講じなければならない。

(二) 貿易金融等の輸出振興措置

　輸出振興に貿易金融の果す役割は大きいが、とくに今後プラント類の延払輸出を伸ばすため、日本輸出入銀行等の資金源確保と機能の強化を重視する必要がある。この他、税制、輸出保険制度、輸出検査制度の諸制度ならびにその運用の改善を図らなければならない。

　輸入を商品類別にみると、基準年次に対して構成比増加の最も著しいのは完成品である。貿易自由化にともない、機械類、消費財がともに増大するものと考えられ、完成品全体の構成比は基準年次の12.6％から23.6％へと大幅に上昇する。鉱物性燃料は石油需要の増大によつて構成比は、15.2％から18.8％へ増加し、半製品も若干上昇する。こ

れに対して原材料は鉄鋼用、非鉄、金属関係の輸入が大幅に増大するものの、繊維、農林関係の輸入増加が少ないため、原材料の輸入伸長率は輸入全体のそれを下回り、構成比も基準年次の46.0％から38.3％へと低下する。また食料についても米の自給度向上等によつて輸入の増加が僅少であるため、構成比は17.2％から8.1％へ後退する。(第17表)

このような商品構造の変化と将来の供給条件の変化等を考慮すれば、北米は若干の比重の低下はあるが、いぜんとして最大の輸入市場であり、欧州、中近東の比重が増大する反面、東南アジアの比重は低下のすう勢を示すこととなる。しかし東南アジアに対しては、経済協力の見地からできる限り買付けの促進を図るよう格別の配慮を必要としよう。

輸入にかんする政策としては国内経済活動の円滑な発展を図るため自由化計画を推進すべきであり、また自由化にともなつて生ずる諸問題に対して合理的弾力的な関税制度の確立等の施策を講ずることが<u>必要であろう</u>。

貿易外収支も国際収支の一環としてできるだけ改善しなければならない。このうち最も比重の大きい運輸収支については外航船腹量の増大、邦船積取比率の上昇、三国間輸送の伸長、国際航空の強化により実質的に改善を見込んでいる。(第18表)

(単位：100万ドル)

次(C)	増加率	
構成比(%)	C／A(%)	C／B
8.1	149 (3.1)	161 (4.4)
38.3	263 (7.7)	190 (6.0)
11.4	175 (4.4)	145 (3.4)
1.0	127 (2.0)	116 (1.4)
9.1	379 (10.8)	231 (7.9)
5.8	573 (14.4)	370 (12.8)
6.1	245 (7.1)	171 (5.0)
5.0	353 (10.2)	204 (6.7)
18.8	391 (11.1)	269 (9.4)
11.1	396 (11.2)	350 (12.1)
23.6	593 (14.7)	495 (15.6)
17.5	571 (14.3)	474 (15.2)
6.0	669 (15.7)	567 (17.1)
0.1	300 (8.8)	200 (6.5)
100.0	316 (9.3)	249 (8.6)
16.7		

第18表　外航海運

項　目			34年度(A)	目標年次(B)	伸び率(B)／(A)
貿易量	輸　出	100万トン	9.6	22.6	8.0
	輸　入	〃	〔73.1〕72.1	〔203.6〕202.6	9.9
	一般貨物	〃	46.5	119.6	9.0
	石油類	〃	26.6	84.0	11.7
積取比率	輸　出	％	56.1	〔63.6〕62.5	
	輸　入 一般貨物		51.8	60.0	
	石油類		50.8	65.0	
船腹量	貨物船	1,000総トン	3,633	9,850	9.5
	油槽船	〃	1,152	3,500	10.6
	合　計	〃	4,785	13,350	9.8
運輸関係為替収支		100万ドル			
受　取			114.4	440	
支　払			262.6	754	
バランス			△ 148.2	△ 314	
外貨手取			13	111	

　海外旅行の収支も受入れ体制の整備を前提として大幅な改善を想定している。これに対して技術導入の対価支払額の増加、特需収入の減少など見込まれるため、貿易外収支は2.3億ドルの赤字を示すこととなる。

　また長期資本収支において受取は積極的外資導入の方針を反映した規模を想定したが、支払面で今後予想される経済協力規模の拡大に見合う増加を見込んで0.5億ドルの支払超過を想定した。

3．経済協力の促進

　経済協力は経済開発の途上にある低開発国の要請にこたえるとともに、わが国の輸出増加と必要原材料確保のため、今後重要性がますます増大すると考えられる。したがつてわが国は国力に応じた範囲で事業投資、借款供与、延払輸出等を積極的に推進する必要がある。

まず事業投資をみると、わが国の経済成長にともなつて増大する所要原材料、とくに鉱産物、燃料等の資源は海外からの供給に依存するところが大きいが、低開発国におけるこれら資源の開発に対する生産事業投資は、これら諸国の経済開発に要する資本を供給する重要な道である。この他企業進出等の視点からの生産事業投資および商業等投資を含めた事業投資全体は計画期間中に35.4億ドルを見込み、目標年次には6.3億ドルの投資が想定された。

つぎに借款供与をとり上げると、外資不足に悩む低開発国の資本財調達の要請とわが国の資本財輸出促進の要請を同時に充足するものとして長期信用供与は重要な意味と役割をもつといえよう。長期信用供与の諸形態のうち政府間の借款供与および民間企業による延払輸出の額を目標年次において15億ドルと見込んだ、このうち民間企業による延払輸出については日本輸出入銀行による資金的援助を必要としよう。

このようにして目標年次における事業投資、借款および延払輸出の規模は21.3億ドルと想定されたが、このほか、海外留学生・研修生の受入、わが国研究者・技術者の派遣、海外投資等の基礎調査、国際金融機関への出資等を考慮すると、わが国の経済協力は国民総生産の2.9%程度となる。

さて、これら経済協力は目標年次の規模は基準年次の20倍以上の拡大を意図している。したがつて、その達成には計画期間を通じて、積極的な政策的努力が必要であろう。しかも、経済協力は相手国の経済開発計画にそくしてこれら諸国の経済発展の促進に資するよう配慮し、長期的かつ計画的に進めなければならない。また経済協力を効果的に進めるために相手国の経済の基礎的調査研究の拡充は最も肝要であり、相手国政府との情報交換を緊密に行なわなければならない。

このような基本方針のもとに政府間資本協力および民間海外投資の促進、一次産品の買付促進、技術援助の拡大強化等の諸施策の推進が必要である。具体的にいえば経済協力基金の設定、借款の供与等を積

極的に行ない、民間による経済協力に関して金融的援助を与えるとともに、租税協定の締結、そのほか税制面の合理化を図ることに努める要がある。また今日低開発国の国際収支難の基本的要因である一次産品の輸出停滞を打開することによつて、わが国の輸出規模の拡大を図るため、一次産品の買付を促進する必要がある場合がある。したがつて基礎調査、輸出入取引法による輸出入調整、あるいは民間に対する金融的措置をとられなければならない。技術援助の面では海外中小企業の育成、技術者の交流、コンサルタント活動、アフターサービス等に対する諸施設の強化を図らなければならない。

4. 国際交通の強化

わが国の国際収支において貿易外収支は貿易収支に次ぐ比重を占めるが、その主要項目である運輸および海外旅行についてはつぎのような施策を必要としよう。

外航海運については、貿易量の増大にともない増加する海上運賃をできる限り自国に還元するという観点およびわが国経済の順調な発展に必要な海外原材料物資を円滑かつ安定的に供給する見地から、輸入の邦船積取比率を目標年次には一般貨物60％、石油類65％に高めることを目途とすれば、外航船腹の所要量は1,335万総トンと想定される。これに要する計画期間中の建造量は劣悪船の解体量126万総トンを見込めば、970万総トン程度と考えられるが、海運企業の国際競争力強化のための償却前利益ベースによる建造量と必要建造量との間には大きな懸隔がある。したがつて計画の前半期にはある程度建造量を抑制して企業の成長力の培養に努め、後半期にこれを引き上げて両者の調整を図る必要がある。さらに目標達成のためには企業側の自主的経営努力を前提として、建造資金の確保、高金利の是正、三国間輸送の振興、優秀定期船および高能率船の整備等の施策を実施するものとする。

国際航空については、目標年次のわが国シエアーを世界国際航空旅

客の6％とすることを目標とした。この目標達成のためには航空機購入資金の確保、乗員養成の強化等規模の拡大と競争力強化のために適切な施策を推進する必要があろう。

海外旅行については、各国における今後の所得の水準の向上と余暇の増加は訪日外客の大幅な増大をもたらすものと考えられる。したがつて目標年次の海外旅行受取額を34年の実績に対し、為替ベースで約7.2倍、2.6億ドル、外客消費額ベースで約6.5倍、61億ドルと想定したが、その対策としては、長期融資によるホテルの整備を促進し、また国内交通機関の充実、宣伝、接遇の改善を図る必要があろう。

第3章　産業構造の高度化と二重構造の緩和

1．工業の高度化と国際競争力の強化

(イ) 工業高度化と多様化

これからの工業部門の生産と発展の方向は、戦後これまで進められてきた重化学工業を中心とした産業構造の再編成をさらに進めるとともに産業の健全な発展による規模の拡大と生産の多様化を推進することである。

その場合、世界市場に適合した輸出構造の確立を指向する高度加工産業に重点をおき、機械工業と化学工業を基軸として展開されなければならない。とくに機械工業は輸出産業としても、また労働力吸収産業としても最も期待される産業である。いいかえれば機械工業は経済の飛躍的発展と産業構造高度化をになう戦略的産業としての地位を占めるであろう。機械工業全体としては34年度水準の約4.5倍の伸長が期待され、そのうち一般機械は5.9倍で最も高く、電気機械関係は4.4倍でこれにつづいている。また輸送機械のなかで乗用車は国民所得の増大と価格の値下りによつて、目標年次の保有台数は1,000人当たり22台となり、生産は輸出の40万台を含めて約100万台に達しよう。機

械輸出は10年後に総輸出の４割に当たる39億ドル程度を期待している。

つぎに工業部門の持続的な発展を進めるために科学技術の振興と新しい製品の創造に努めなければならないが、この点でとくに、石油化学を基盤とする高分子化学工業や電子工業、新金属工業に期待している。石油化学は<u>目標年次</u>の化学工業のなかでの比重が約50％に高まる。なお、原子力利用の進展に対応して、原子力関連工業の育成を配慮する必要があろう。

また、産業構造の高度化、多様化と他方における社会的公共施設の拡充に対応して、その背景となる鉄鋼などの金属工業とセメントを主体とする<u>窯業</u>などの<u>基礎</u>的産業の役割もひきつづき大きい。とくに鉄鋼業では<u>目標年次</u>の粗鋼生産が4,800万トンになり、この生産を行なうために10年間に日産2,000トン高炉で約30基の新設を必要としている。これら部門では、量的な拡充だけでなく、関連部門への低廉かつ安定した供給が必要になつてこよう。

一方、労働集約的生活の強い繊維、食品、雑貨などいわゆる軽工業部門は、輸出面からも雇用面からも今後とも健全な発展がのぞまれるが、これらの産業では高次加工製品への移行と製品の多様化を図ることが期待される。とくに繊維部門では合成繊維の生産増加が著しいために、化学繊維の全体に占める比重は、ほぼなかばに達するものと予想される。

このような方向から考えて、10年後における工業生産は、34年度の約3.3倍の水準になるものと予想される。業種別には機械（4.5倍）、化学（3.4倍）、石油石炭製品（3.5倍）、鉄鋼（3.0倍）などの重化学工業の伸びが大きく、以下ゴム（3.0倍）、窯業（2.8倍）、非鉄（2.6倍）、紙パルプ（2.4倍）、繊維（2.1倍）、食糧品（1.9倍）、皮革（1.8倍）、製材（1.5倍）などの順になる。また鉱業は約1.3倍の伸びにとどまるので、鉱工業全体としては34年度の3.2倍程度の水準に達しよう。

第19表　将来の鉱工業水準と産業構成

産業別	鉱工業生産指数 30年=100 基準年次	鉱工業生産指数 30年=100 34年度(A)	鉱工業生産指数 30年=100 目標年次(B)	伸び率(B)/(A) 倍率	伸び率(B)/(A) 年率(%)	産業構成(%) 34年度	産業構成(%) 目標年次
鉱工業	141.3	193.0	610	3.16	11.0	—	—
鉱業	117.8	119.4	160	1.34	2.7	—	—
製造工業	143.3	199.2	648	3.25	11.3	100.0	100.0
○鉄鋼	133.1	185.9	550	2.96	10.4	9.8	8.8
○非鉄	131.9	184.6	480	2.60	9.1	3.5	2.8
○機械	198.9	343.9	1,540	4.48	14.6	34.3	47.2
○化学	140.3	177.2	610	3.44	11.9	11.1	11.7
○石油石炭製品	153.3	223.3	770	3.45	11.9	2.5	2.6
窯業	136.0	169.6	480	2.83	9.9	4.9	4.2
ゴム	143.8	208.0	620	2.98	10.4	2.1	1.9
皮革	117.0	125.0	220	1.76	5.3	0.3	0.2
紙パルプ	127.7	168.7	400	2.37	8.2	3.6	2.6
繊維	124.0	145.4	310	2.13	7.1	12.8	8.3
製材	115.6	124.1	180	1.45	3.4	2.3	1.1
食料品	113.2	127.4	240	1.88	5.9	8.8	5.0
タバコ	100.6	112.8	160	1.42	3.2	0.7	0.3
その他	171.5	268.6	880	3.28	11.4	3.3	3.3
重化学工業						61.2	73.1

(注)　○印は重化学工業

　以上のような工業生産の増加と工業の多様化を進めるに当たつては多くの障害が予想され、これを克服する努力が必要である。とくに、単なる量的拡大ばかりでなく、自由体制への移行を契機とする産業構造高度化の要請に対処してつぎのような政策を進める必要がある。

　第一は、設備の近代化、量産体制の確立と専門化、商品の規格化、さらには産業のコンビナート化による国際競争力の強化である。第二は鉱工業部門での今後10年間に機械5.5兆円、鉄鋼3兆円、化学2.5兆円を含めて約16兆円に達すると見積もられる設備資金の確保とそのた

めの自己資本の蓄積が必要である。第三は、エネルギー、鉱産物、木材などの海外原燃料の低廉かつ安定的な確保である。第四は既存工業地帯の環境整備、地域格差の是正の見地に立つ産業の適正な配置と新規工業地帯の造成である。第五は国立研究機関の充実、民間研究の助成、科学技術者の養成、工業化の助成を中心とする科学技術の振興と新産業の育成である。第六は中小企業の近代化と大企業・中小企業間および中小企業相互間における社会的分業体制の確保である。最後に以上の諸政策を進めるに当たつては、政府は補完政策と誘導政策に万全を期する必要がある。

(ロ) 高度成長と自己資本の充実

　貿易の自由化という画期的な段階をむかえたわが国の経済は、産業構造の高度化を図るとともに、企業自体の経営力を強化してゆくことが必要である。戦後、目覚ましい経済の発展にもかかわらず、企業経営にはむしろ弱化した面がみられる。すなわち、使用総資本に占める自己資本の比重が低下して借入金への依存度が強まり、資本構成は著しく悪化した。その原因の一半は、急速な経済成長のために、企業が自己資金の調達力をこえて拡張をとげたことにある。したがつて、今後とも高成長をつづける場合は、資本構成がますます悪化してゆくことが憂慮される。しかし、他の一半の原因は税制や金融など企業をめぐる諸環境が充分に即応できなかつたという点である。この点はつぎのような対策の実施によつて今後漸次改めることができるであろう。

　その第一は、自己資本の充実を図るために増資を促進し、外部からの資金を自己資本としてとり入れるような諸対策を拡充強化することである。

　第二は、減価償却制度の改善である。さい近における技術の急速な発展に即応し、機械装置などの償却年限を、経済的耐用年数に力点をおいて短縮すべきである。一般に償却年数の短縮は技術革新をささえ、投資需要を喚起する効果をもつている。したがつて、この点では自己

資本充実策が積極的な成長の支持要因ともなりうるであろう。

　第三は、金利負担の軽減である。わが国では金利水準が高いうえに、企業の借入金額が多いということから支払金利の負担が二重の意味で高くなつている。今後金利水準を引き下げ、企業の内部蓄積力の強化に努める要がある。

　以上に述べた諸対策のほか、自己資本の充実と並行して安定した他人資本を確保する対策として、今後社債市場の育成強化に努めるものとする。

(ハ) 新しい産業秩序の形成

　工業の高度化と近代化のための重要な一側面として産業秩序の問題がとりあげられなければならない理由は、第一にわが国経済には狭隘な市場に弱小な多数の企業が存在し、大量生産方式もきかず、多くの零細企業が低賃金基盤のうえに不安定な経営を余儀なくされているという事実である。第二に一連の技術革新の進行が生産構造と消費構造に急激な変革を起こしめつつあることである。さらに、第三には、自由化体制への移行はその必要性にいつそう拍車をかけているという事情がある。とくに外国企業と直接競争にたたされるという事情は、国際競争力強化の一環としての新しい産業秩序の形成を、経済成長のための不可欠の要件としている。この場合の秩序とは、たんなる現状維持的なものでなく、経済合理性に適した体制の確立である。

　以上のような観点から、今後の産業秩序の長期的方向としてつぎの点が考えられるべきであろう。

　第一は、国際的な競争にごしてゆくための企業規模の拡大である。その方向として企業の集中、合併あるいは集団化と専門生産体制の確立等が考慮されなければならない。第二は、不況対策の強化である。とくに弾力的な関税政策の運用と企業間の協調体制を進めることによつて景気循環の波を平準化することに努めなければならない。第三は、大企業と中小企業の緊密な協調体制の確立である。第四は、共同購入、

共同開発等の拡充による海外原材料の秩序ある購入確保である。さらに、これと関連して海外市場での過当競争防除策を考慮する必要がある。

また、貿易自由化の過渡的段階においては秩序対策がとくに重要な意義をもっているが、そのおもなものは、（ⅰ）過渡的混乱の防止、（ⅱ）新規産業、成長期待産業の保護育成、（ⅲ）構造的衰退産業の円滑な転換等である。

このような対策によつて、はじめて貿易自由化への移行や高度成長が円滑かつ確実に実現することになろう。

2. 合理的エネルギー体制の確立

エネルギーは、経済活動全般に関連する重要な基礎物資であつて、できるだけ低廉な価格で安定的に需要者に供給することが、今後の日本経済の安定的高度成長をつづけるのに不可欠である。今後のエネルギー需給を予測するに当たつては、最近における固体エネルギーから流体エネルギーへの移行およびエネルギー使用における選択が需要者の自由になつている世界的なすう勢を十分かん案すべきである。

このような傾向をもとに、エネルギー需要産業の技術進歩、一次エネルギーの直接消費から二次エネルギーへの転換、競合エネルギーの代替等を考慮して、10年後のエネルギー需要をみると第20表の通りである。すなわち総需要は3億300万トン（7,000kcal/kgの石炭換算）で、34年度実績の約2.3倍に達する。そのうち、電力需要の増加は目ざましく年平均9.7%の増加率で、目標年次は、2,350億kWhで34年度の2.8倍に達する。これはオートメーション化の普及等産業需要の増加および家庭生活の近代化による電灯需要の増加等にもとづくものであり、全エネルギー需要に占める電力需要の割合は、34年度の38%から47%に増大する。

需要部門別構成を34年度と目標年次を比べると鉱工業は69.6%から

第3部　民間部門の予測と誘導政策

第20表　エネルギー需要

(7,000kcal／kg　　石炭換算　単位：1,000トン)

項　目	34年度(実績) (A)	目標年次 (B)	増加率 (B)／(A)
総エネルギー	131,815	302,760	230(7.8)
電力	50,691(845)	141,000(2,350)	278(9.7)
その他エネルギー	81,124	161,760	199(6.5)

(注)1．電力( )内はkWh(単位：億kWh)である。
　　2．増加率欄( )内は年平均を示す。

71.1％に、自動車用ガソリンの増大を中心とする運輸部門は、12.6％から13.5％に増大し、民生その他は、15.4％から13.4％に、農水産部門は2.4％から2％に減少する。

　これに対応するエネルギー供給計画については、将来実施が予想されるエネルギーの輸入および使用の自由化を考慮し、各種エネルギーの経済性を中心とした供給構成を基本とし、供給の安定的確保、雇用問題等の総合的な見地からの調整を加えて作成した。第21表の通り総供給量は2億8,300万トンとなり、34年度と目標年次のエネルギー供給構成比率では水力は28％から20％に、石炭は38％から29％にそれぞれ減少し、石油は30％から50％に増加し、その中輸入エネルギーの比率は34％から59％と過半を占めることとなる。エネルギー別供給量では電力は水力919億kWh、火力1,679億kWh（送電端）になり、発電設備は電気事業用で10％の供給予備力を含め水力22百万kW、火力31百万kW、計53百万kW（45年度末）と、現在の約2.9倍に増大する。石油は輸入原油90百万kl、石油製品輸入7百万klに達し、原油処理能力は32.6万kl／日（205万バーレル／日）が必要であつて現在の規模の約3.2倍になる。国内炭は5,500万トン（精炭）を見込んだが、今後さらに積極的な合理化を進め、競合エネルギーに対する経済性を強化する必要がある。

第21表　1次エネルギー供給

(7,000kcal／kg 石炭換算　単位：1,000トン)

年度 エネルギー	実数単位	34年度 実数	34年度 換算	目標年次 実数	目標年次 換算	構成比率(%) 34年度	構成比率(%) 目標年次
水力(送電端)	億kWh	616	36,950	919	55,140	27.6	19.5
石　炭	1,000トン	56,751	50,636	84,640	81,278	37.8	28.7
生　産	〃	47,886	42,666	55,000	50,914	31.9	18.0
輸　入	〃	5,684	6,252	25,640	28,204	4.7	10.0
亜　炭		1,445	723	400	200	0.5	0.1
石　油	1,000kl	27,522	39,356	98,335	140,618	29.5	49.6
国産原油	〃	482	689	1,500	2,145	0.5	0.8
輸入原油	〃	24,997	35,746	89,976	128,665	26.8	45.4
製品輸入	〃	2,043	2,921	6,859	9,808	2.2	3.4
天然ガス	100万m³	684	780	2,053	2,340	0.6	0.8
薪　炭		—	5,284		3,650	4.0	1.3
核燃料	トン	—	—	(226)	(2,260)		
石炭換算合計	1,000トン		133,729		283,226	100.0	100.0
34年度＝100 輸入エネルギーの比率	％		100.0 33.6		211.8 58.8		

(注) 1. 石油製品輸入は原子力発電を考慮しない場合の計数である。
　2. 核燃料については、取替分のみを計上し、その実数は天然ウランに換算してあるが、石炭換算合計に含まれていない。

　なお46年度以降において経済ベースにのるものとして期待される原子力発電については、この開発を行なう準備段階として目標年次まで約百万kWの規模を上記火力に見込んでいる。

　今後のエネルギー長期政策の基本的方向は、経済性を中心とする合理的なエネルギー供給構成の確立、輸入エネルギーの外貨負担の軽減、需要に応ずる供給量の安定的確保におかれるべきである。この見地からつぎの諸施策を重点的に推進する必要がある。

　第一は、エネルギー価格の引き下げと安定である。今後の自由化体制に順応し、わが国産業の国際競争力を強化するためには従来貿易お

よび為替の制限下に形成されてきたゆがめられたエネルギー価格体系を是正し、エネルギー価格の低下とその長期安定化を講ずる必要がある。そのため、石炭については、生産面と流通面の合理化を進めるとともに適正な雇用対策の裏付けによって価格の引き下げを行ない、電力についても、合理化と適切な対策によって極力料金原価の上昇防止と安定を図るよう努める必要がある。石油については、自由化にともなう価格引き下げと油種別価格体系の是正を行ない、都市ガスについてもその普及率の向上のため料金原価の引き下げが期待される。

第二は、エネルギー供給設備の計画的増強に必要な設備資金の確保である。前述のような需給を前提とすると、目標年次までにエネルギー産業が必要とする設備資金は電力約4.8兆円、石炭2,900億円、石油8,300億円、都市ガス2,500億円、原油および天然ガスで1,300億円、合計で6.3兆円に達するがエネルギー産業の設備投資はとくに長期にわたり計画的に行なう必要があり、民間金融機関による円滑な資金の供給、外資導入の促進、内部留保の増強、財政投融資の活用等、内外資金の円滑な調達確保が必要である。

第三は、輸入エネルギー対策である。目標年次の輸入エネルギー比率は59％に増大し、所要外貨は輸入総額の二割近くを占めることになろう。このため輸入エネルギー供給の安定的確保と外貨負担の軽減を図る必要があり、経済協力による海外エネルギー資源の積極的開発、タンカー船隊の拡充、石炭専用船の建造等による邦船積取比率の向上対策を積極的に進める必要がある。

第四は、エネルギー産業の立地条件の整備である。電力および石油部門の増加には新たに相当規模の工業用地、用水および港湾等関連施設が必要とされるので、その整備が必要である。

3. 農林漁業の近代化

農業、林業、漁業は、いわゆる第1次産業と総称される部門である

が、それぞれの経済構造や技術的性格は必ずしも同様でない。しかし、これらはわが国経済の構造的底辺をなしており、その近代化が強く要請されているという点で、いずれも共通の問題点をもつている。したがつて、そのために必要な施策の方向を明らかにすることがこの際きわめて重要である。

（イ）農　業

　農業部門は、戦後の農地改革期についで新しい変革期をむかえつつある。今後の10年間に予想される農業変化の第一の契機は農業人口の減少であり、第二は食糧消費構成の変化である。農業人口は戦前固定化していたが、最近は経済成長の高水準を反映して新規学卒者の農業への就業は急速に減少しており、このすう勢が続けば、10年後には農家は550万戸、就業人口は、現在の4分の3程度の1,000ないし1,100万人に減少するものと見込まれる。食糧消費構成の変化は、今後国民の所得水準の上昇につれて澱粉質食糧の比重が低下し、畜産物、果実、油脂等の消費が飛躍的に増加することが見込まれる。その結果、国民の栄養水準は大幅に改善されるであろう。

　このような条件変化に対応して、産業構造の近代化を図り、国民経済の二重構造の緩和に寄与するような新しい農業政策の確立が必要である。農業の近代化は、経営の企業的確立ということにつながる。そのためには、他産業部門の所得水準と均衡のとれた農業所得を確保できる自立家族経営の育成と低い生産性の零細家族経営の協業化とによつて、能率の高い経営を育成することが必要となる。このようにして、技術進歩と就業人口の減少を考慮すると、計画期間において自立家族経営100万戸程度が育成されることとなろう。この経営は平均して耕地面積2.5ヘクタール、労働力3人からなり、正常な技術的水準および経営能率を有し年間100万円以上の粗収益をあげうるものである。一方、目標年度においてもなお平均1ヘクタール程度の経過的非自立経営は上下に分解しつつもなお相当数残存するものと思われるとともに、

兼業の進行によつて0.5ヘクタール程度の主として兼業に依存する完全非自立経営は〔も〕おおむね現状を維持するか、若干減少するものと見込まれる。しかし、これらは構造改善政策と他産業の雇用増加のいかんにかかるところが大きい。このうち、経過的非自立経営については自立化する政策を促進すると同時に協業化への誘導政策も必要である。完全非自立経営については、兼業機会の増大を通じてその完全離農を促進するとともに、協業化への道も進める必要がある。

協業は生産工程ならびに経営の部分的共同から全面的共同まで多くの段階があるが、将来の技術的可能性を考慮すれば、10年後にはつぎのような姿を想定できよう。水田協業においては経営面積20～40ヘクタール程度、畑協業においては40～60ヘクタール程度になり、いずれも20～40馬力の大型トラクターが導入されるであろう。また畜産経営は最低乳牛で30～50頭程度、肉豚で150～250頭程度、果樹経営は10～15ヘクタール程度の近代的農業が行なわれうる経営単位となろう。

このような経営構造の変化に対応し、わが国の農業生産、農産物輸入、生産性および所得は以下のように見通される。目標年次の国内生産についてみると、米は約1割増、麦は1割強の減、そさいは約2割増、果実およびてんさいは飛躍的に〔生産〕拡大し、それぞれ約2倍、4倍になると見込まれる。また畜産物は今後の農業成長の主力をなすもので3倍以上の増産が見込まれる。とくに、牛乳は5.7倍という著しい伸率を示すことになる。この結果、農業の成長率は年率2.9％となり、部門別構成は耕種部門が84％から69％に下がり、畜産部門が14％から30％へと比重が高まり、日本農業の有畜化傾向は相当強まることとなる。生産および需要構成の変化にともない輸入もその構成は変化する。従来食糧輸入の大宗を占めた米麦は減少し、それに代つてとうもろこし、大豆および砂糖等の輸入が増大しよう。

この計画における農業所得の成長率は2.9％で国民経済の成長率より著しく低いが、就業人口が年率2.9％で減少することが見込まれる

ので、農業部門の生産性上昇率は年率5.8％に達し他産業の生産性の伸び率に劣らない高さを示すであろう。したがつて、従来長期にわたつてみられた生産性、所得格差の拡大傾向は、阻止されることになろう。

このような農業構造を目標年次までに円滑に達成するには、農業政策に大きく依存しなければならない。このため農業発展の阻害要因となつている農地制度、相続制度等を再検討するとともに従来の米麦増産的農業政策の方向を反省して、畜産、果実等を含めた総合的な農業生産を急速に発展させる政策に移る必要があり、そのため自立経営、協業の育成に資するよう投資、試験研究、技術の普及指導制度、農業担当者の教育事業等諸施策の質的転換が必要である。今後の農業投資の方向は大圃場整備事業の拡充、大型機械、農業共同施設、家畜資源等に対する政策の強化におかれるものとする。また、農業投資の新しい方向として農村生活の向上等に資するような住宅、上下水道、道路等農村再開発事業への配慮が必要となる。なお、生産、流通、加工にあたつて農業協同組合の強化と活用、さらには農林漁業を貫く協同組合組織について施策が必要である。

(ロ) 林　業

経済の成長にともなう林産物の10年後における需要は木材7,000万㎥（2.5億石）、木炭100万トン、薪1,200万層積㎥（4,400万層積石）程度と見込まれ、この供給を確保するに必要な林業生産の伸びは年率2.3％である。将来における需要の増大と就業人口の減少を考慮しつつ生産拡大を図るためには技術の改善、経営の近代化等による生産性の向上が大幅に進められなければならない。

このため、林道開設を強力に推進するとともに機械化、林地肥培、林木育種等の技術面の進歩と木材生産および造林事業の協業組織化を主とする構造的刷新強化を図り、あわせて森林経営の計画性を強める施策を講じ、また木材流通過程の合理化を図る等林業の近代化を一段

第22表　農林水産業生産指数　　　　　　(単位:％)

項目＼年度	基準年次(A)	34年度(B)	目標年次(C)	成長率(C)/(A)	成長率(C)/(B)
農林水産業総合	100.0	107.3	144.1	2.8	2.7
農業	100.0	106.9	145.4	2.9	2.8
耕種	100.0	107.4	121.9	1.5	1.2
畜産	100.0	115.3	316.4	9.3	9.6
養蚕	100.0	97.0	100.0	0.0	0.3
林業	100.0	104.7	133.6	2.3	2.2
水産業	100.0	111.8	146.8	3.0	2.5

(注)　34年度農業の指数は、25～27年度基準の農林省統計調査部「農林水産業生産指数」の31～33年度平均を100としたものである。

と促進する必要がある。さらに山村民の所得向上のため、その経営規模拡大を図り家族的林業経営の育成に努めることが必要である。

　また一方森林については国土保全、自然美の維持等社会的効果の側面を考慮する必要がある。

(ハ)　漁　業

　水産物の需要は、今後10年間に国内消費、輸出の拡大により大きく増加する。これに対し、目標年次の漁業生産は、総計740万トンとなり、年率3.0％で増加するものと見込まれる。このうち沿岸養殖漁業の生産は、とくに養殖生産の増大を図ることにより、大幅な増加を示すものと期待される。

　一方就業人口は、他産業への労働移動を考慮して、75万人から目標年次には55万人前後へと（主業者ベースでは63万人から約50万人へと）減少するものと見込まれる。

　将来の漁業構造はこのような見通しのもとで生産性と所得水準の向上をもたらしうるよう、その近代化を推進しなければならない。このため、沿岸養殖漁業の積極的造成整備と漁船装備の近代化を図るとともに漁獲物流通加工の改善や漁民共同組織の強化を促進し、あわせて

漁港などの生産基盤と生活環境の整備を行なうことが必要である。

なお他産業の発展にともなつて発生する埋立、水質汚濁などによる漁場荒廃に対しては、漁業計画と合理的な調整を図り、また漁業経営の合理化に十分適応できるように、漁業制度等の再検討を行なう必要がある。

3．中小企業の近代化

(1) 近代化の必要性

この計画で予測される産業構造の高度化と、発展速度を前提として、計画期間における中小企業の国民経済上の地位を考えれば、つぎのことがいえよう。

第一は、中小企業が生産、流通に占める地位には、大きな変化はおこらないということである。すなわち、機械部門や素材加工部門においては、大規模企業の生産増にともなつて関連下請中小企業の生産も増大する傾向をもつており、また建設資材部門や消費財部門および末端流通部門やサービス部門には依然として中小企業が多い。全体を通じてみると零細層の比重が低下し、中堅企業層が増大する傾向が予測される。

第二に、この計画期間中、輸出の有力な担当者としての中小企業は、現状と同様に重要な地位を保持するであろう。

このように、わが国経済における中小企業の占める比重は、今後ともきわめて大きいにもかかわらず、その近代化が遅れており、大企業に比較して付加価値生産性や賃金の格差が大きいことは、欧米先進国には見られない特異な現象である。しかし今後進展する労働事情の変化を考慮すると、長期的にみれば低賃金依存の経営の存立は困難になると予想されるので、生産性向上を図るため中小企業はその近代化を急ぐ必要がある。

（2）目　　標

　中小企業の近代化は、その生産性の向上が主要内容であるが、中小企業対策を進めるに当たつては、企業格差の是正、規模の適正化、設備近代化と自己資本の充実、環境の是正、労働関係の近代化が基本的目標となろう。

　現在企業格差が重要な中小企業問題となつているが、この解決には、構造的、社会的諸条件における障害を排除することが有効な手段であり、その施策を強力に推進することが肝要である。

　中小企業がそれぞれの業種業態に応じて適正規模化してゆくことは、中小企業近代化への最も集約された方向といえよう。このため、各業種において、中堅企業の育成を図り、また、小規模ないし零細企業層も組織化等によりかなり適正規模化の成果をあげることができるので、適切な助成政策と誘導政策によつてこのような方向を中小企業対策の一環として促進する必要がある。なお、このような手順と配慮をもつてもなお経済的合理性にそうことのできない分野が存在することが予想されるが、それらは社会保障政策の援護のもとに生産性の高い産業分野に転換するよう誘導することが必要となろう。

　設備の近代化は生産性向上の技術的条件であり、積極的な政策をとらなければならない。もちろんこの点についても基本的には、中小企業自体が設備投資を行なうるだけの資本蓄積ができる条件が整備されなければならない。しかし中小企業の設備投資意欲が旺盛であるにもかかわらず、資金調達難により合理化投資が遅れている実情からみて、中小企業向け近代化資金の質的改善と、量的拡大がのぞましく、これとともに中小企業において自己資本の蓄積が促進されるような税制面からの適正な検討を行なう必要がある。

　中小企業問題の発生は国民経済循環の過程で中小企業が不利な環境におかれていることに起因している。中小企業の健全な発展を図るためには、まずこのような環境を是正し、企業規模の大小による質的な

相違をなくすことが先決問題であると思われる。

とくに中小企業においては、労働面の近代化が遅れているので、労使関係の近代化、労働条件の向上、技術水準の向上、労働福祉の増進等については、政府民間一致して、これを推進しなければならない。

（3）重点対策

このような中小企業近代化のための目標を達成するには、それぞれの特質に対応する業種別、地域別の振興対策が必要であるが、そのうち重点的にとり上げる〔べき〕施策はつぎの通りである。

（イ）資金調達面の対策としては中小企業向け民間貸出および財政投融資の増額、金利引き下げと信用補完制度の拡充強化、中小企業向け金融の安定性の保持、近代化の助成を行なう必要がある。

（ロ）業種別振興対策の推進、経営技術および労務管理指導の強化と新技術の企業化促進、税負担の合理化、職業訓練制度の強化ならびに広域職業紹介制度の確立、中小企業地帯の立地条件等の整備を図る。

（ハ）中小企業が主体となり政府の指導援助のもとに関係大企業が協力して行なうべき施策として合理的業務分野の調整と公正取引関係の確立、組織化の促進、輸出市場の開拓、専門化による量産体制の確立を促進する必要がある。

（ニ）これら諸施策の対象となり難い小規模企業については別の見地から各般の施策を強力に推進する必要がある。

5．労働力の産業間移動の促進と低所得層の解消

将来における産業構造の高度化、工業生産の規模の拡大に応じて、労働力の産業間移動を計画期間に大幅に行なう必要がある。すなわち、第1次産業以外の雇用者の需要を満たすためには、第23表に示すように新規学校卒業者以外にかなりの数の転用労働力を必要とする。この転用労働力は、同一産業内部における低い生産性部門から高い生産性

第23表　就業者バランス（昭和35〜45年度の11年間）

(単位：万人)

供　　給		需　　要	
非1次産業雇用者			
新規学校卒業者	1,557	死亡および引退	890
既学校卒業者	146	純増加	1,079
第1次産業就業者	243		
非1次産業個人業主および家族従業者	23		
計	1,969	計	1,969
第1次産業就業者			
新規学校卒業者	158	死亡および引退	380
純減少	465	非1次産業雇用化	243
計	623	計	623
非1次産業個人業主および家族従業者			
既学校卒業者	104	死亡および引退	153
純減少	72	非1次産業雇用化	23
計	176	計	176
計			
新規学校卒業者	1,715	死亡および引退	1,423
既学校卒業者	250	純増加	542
計	1,965	計	1,965
新規労働可能人口	2,120		

(注) 1．既学校卒業者とは、卒業後数年して就職するものである。
　　 2．新規労働可能人口とは進学者を除いた新規学校卒業者である。

部門への移動というかたちでもおこるであろう。元来労働力の移動性は低いうえ、とくに、わが国の場合、終身雇用制、年功序列型賃金制度等の諸要素が労働力の流動性をより著しく阻害している。したがつて、将来労働力の流動性を高めるためには、各種の政策を強力に推進してゆかねばならない。

そのため、まず第一に広範囲にわたつて生ずる労働需要を把握し、迅速適確に労働供給者に情報を提供する広域職業紹介の機能をもつ職

業安定機構の確立を図り、横断的な労働市場を形成していかなければならない。

　第二に、労働力の可能性の障害となつている住宅問題の改善が急がれる。従来、一部の大企業においては従業員に対する社宅の提供を行なつていたが、大部分の労働者とくに中小企業の労働者にはそのような便宜は与えられていなかつた。労働者が独力で住宅をうることは現在の賃金水準のもとでは困難であり、民間の賃貸住宅の賃貸料の負担も容易ではない。したがつて、政府施策による勤労者用住宅の充実を図ることが緊要となる。この場合、産業配置に適合し、都市計画にも調和した住宅政策を考慮する。

　これら労働力移動を促進する政策を意義あらしめるためにも、わが国における労務管理体制の近代化をいつそう促進しなければならない。これはとくに生涯雇用的慣行とそれにもとづく年功序列型賃金体系を技術革新の進展に適合して職業能力に応じた〔て〕人事待遇制度へ改善してゆくことが必要である。

　他方、産業構造の変動、技術革新の進展などによつて、一時的、部分的にはかなりまとまつた数の失業者が発生するおそれがある。この場合中・高年齢層労働力の再就職の困難性が増大しよう。したがつて、中・高年齢層の再就職、あるいは未経験労働力の技能化等のため職業訓練制度の充実を図るとともに失業保険制度の適用の拡大、給付内容の改善や失業対策事業の質的整備等も必要となる。

　これら労働力の流動性を高める政策とあわせて、現状における低所得者層を積極的に解消してゆくことが重要である。もちろん、これら低所得者層は構造的問題であるため、短期間において容易に解消しえないのである。しかし、経済の成長にともない徐々にその解消の条件は醸成されよう。したがつて、つぎのような政策方向をこの計画では確立しなければならない。すなわち、(1)最低賃金制度については全雇用労働者を地域別産業別の集団にわかち、その集団ごとに一律の最低

賃金を決定するような方式を確立する。家内労働者に対しては工賃、安全、衛生などの規制を確立する。(2)労働基準法などに規定されている最低労働基準による労働条件を全国的に維持する。(3)社会保障制度の充実とならんで中小企業労働者の購買、レクリエーション施設等の福祉施設の充実をはかるよう配慮する。

第4部　国民生活の将来

第1章　雇用の近代化

　完全雇用の達成と豊かな生活の保障とは、近代国家に課せられた終局的な政策目標である。とくにわが国では、これまで労働力の過剰あるいは不完全就業者が多数存在し、そのような経済の後進性の克服が解決すべき重要な課題とされてきた。この計画の目的も最終的には、これらの課題を円滑に解決していくことにある。

　この計画にかかげられた政策が効果的に行なわれ、目標が達成された場合、近代的な雇用者の大幅な増加が見込まれる。また、その雇用者のふえ方も、所得の低い小規模部門では小さく、所得の高い大中規模部門で大きくなるであろう。臨時工とか日雇いといつた形でののぞましくない雇用形態が計画期間中に全くなくなつてしまうことは困難であろうが、わが国の雇用条件や形態がこの期間中に著しく近代化される方向にあることは間違いない。

　このような就業構造の変化は、産業構造の変化と相まつて所得の分配構造にも大きく影響してくる。

　産業構造の高度化が賃金に影響をおよぼす過程はつぎのようなものである。すなわち、産業構造において第1次産業に対する第2次産業の相対的に大きな伸び、第2次産業における製造業、その中での重化学工業の伸びは生産性水準の高い産業がそれだけ伸びることを意味しており、そうした産業はそれだけ高賃金でありうる条件をもつている。このようにして産業構造の変化をともなう経済成長は、高賃金雇用の基礎を提供するものである。

　雇用需要は経済成長にともなつて増大するが、成長は生産性の増加をともなうので、雇用の増加率は経済規模の成長率よりは小さく、そ

の所得弾性値は小さくなつていく傾向をもつている。このような1人当たりの生産性の増加がまた賃金を上昇させる基礎となりうるのであつて生産性に見合う賃金の上昇は経済成長にとつて好ましいことである。

　将来の分配構造の試算については問題が多いが、以上のような産業構造の高度化、生産性の上昇と労働需給の好転、低所得者層の減少などを前提として、大要以下のように考えられる。すなわち、第2次、第3次産業の伸びを反映して勤労所得と法人所得の全所得に占める割合が75％までに高まる（33年度63％）また、非1次産業における勤労所得の分配率（法人所得と勤労所得の合計に対する後者の比率）は若干増加すると思われ、勤労所得は基準年次の約3.3倍となる。これを1人当たりの賃金としてみれば、目標年次には基準年次の1.94倍になる。

　このような過程を通じて賃金格差も急速に縮小の方向に向かうであろう。製造業についての計〔試〕算によると、500人以上規模の賃金を100とした場合の1～4人規模の賃金は32年で30％強であるが、10年後には45％ぐらいに達し、平均2万円をこえる程度にまで高め〔う〕る条件は十分にでてくるものと予想される。このように、単に新規労働力に雇用をつくりだすということでなく、低所得者層を積極的に解消していくことがこの計画の重要な課題である。

　以上のような就業状態改善の進展は、経済の高度化と相まつて職場における種々の環境を近代〔化〕していくことになろう。

　まず、賃金水準の上昇は、国際的にみても労働時間短縮の条件を与えることになるであろう。労働時間の短縮は、労働生産性向上の成果の適正な配分、余暇利用の増大、健康保持などの点からものぞましいことである。さらに技術革新にともない、特定職種の労働力に適正な休養を与えるための労働時間の短縮も必要となるであろう。

　労務管理制度も年功序列的な制度から職能に応じた労務管理制度へ

第24表　世帯類型別の1人

費　目	勤労世帯 1人当たり実質支出額 基準年次(A) 金額	構成比	目標年次(B) 金額	構成比	(B)/(A) 伸び率	一般 1人当たり 基準年次(A) 金額	構成比
	円	%	円	%	倍	円	%
食料費	30,659	41.66	56,685	31.61	1.8489	31,593	48.95
住居費	6,094	8.28	27,795	15.50	4.5610	4,189	6.49
光熱費	3,474	4.72	5,505	3.07	1.5846	3,660	5.67
被服費	8,953 〔8,853〕	12.03	22,487	12.54	2.5400	6,841	10.60
雑費	24,514	33.31	66,853	37.28	2.7271	18,259	28.29
消費支出	73,593	100	179,325	100	2.4367	64,542	100

(注)　目標年次の推計値は主として従来の傾向を延長して求めたものである。

と進化していくであろう。それは年功序列制度がややもすると若くして能力のある者の不満意識を生むとともに、大過なく企業に勤めれば俸給も上昇していくことから創意に欠ける労働力を生み出す面があるが、技術革新時代の経済発展をになう基幹的労働力として総合的判断力に富む労働力が要求されるようになるからである。企業のこのような労務管理体制の近代化は、学校教育や職業訓練の充実による高質労働力の供給を十分活用しうる条件となろう。労務管理体制の変化は、賃金、雇用の企業別封鎖性をこえて、同一労働同一賃金原則の浸透、労働移動の円滑化をもたらし、労働組合の組織も産業別あるいは地域別のものとなる一つの条件が生まれてくるであろう。

　以上述べてきたように、ある部面は萌芽的であるにしても、総じて先進諸国にみられるような近代的な職場の環境が実現していくことになるであろう。

当たり消費水準および構造 (33年度価格)

世　　帯			農　家　世　帯				
実質支出額		(B)/(A)	1人当たり実質支出額				(B)/(A)
目標年次(B)			基準年次(A)		目標年次(B)		
金額	構成比	伸び率	金額	構成比	金額	構成比	伸び率
円	%	倍	円	%	円	%	倍
50,072	40.23	1.5849	25,855	46.56	38,621	31.02	1.4938
11,600	9.32	2.7692	6,325	11.39	13,023	10.46	2.0590
5,850	4.70	1.5984	2,549	4.59	3,860	3.10	1.5143
13,430	10.79	1.9632	5,864	10.56	15,613	12.54	2.6625
43,513	34.96	2.3831	14,938	26.90	53,387	42.88	3.5739
124,465	100	1.9284	55,531	100	124,504	100	2.2421

第2章　消費水準の上昇と高度化

　国民生活は、基本的には所得が増加することによつて健全な向上が図られる。生活向上の基本ともなるべき目標年次の所得についてみると、勤労者世帯は1人当たり19.9万円と2.4倍に増加し、その他の世帯についても16.3万円と2.3倍の増加が予想される。

　このような収入は第24表のような形で支出されると思われる。1人当たり〔の〕消費支出額は勤労世帯で、17.9万円、その他の世帯で12.5万円といずれも2倍程度の水準に達しよう。これを費目別にみると、食料費は勤労世帯、一般世帯、農家世帯がそれぞれ84％、58％、49％上昇するが、エンゲル係数（消費支出総額中に占める食料費の割合）は、かなり低下する。各世帯とも穀類に対する支出は停滞的であるのに対し、肉、乳、卵などの消費は著しく増大し、食生活の高度化が大幅に進展しよう。住居費は各世帯とも著しい伸びを示し、とくに耐久消費財を中心とする家具什器〔費〕は勤労世帯8倍、一般世帯5

倍、農家世帯3倍と大幅に増加しよう。また光熱費は都市、農村を通じ1.5倍程度伸びるが、このうち電気ガスは家庭電化等の進展に応じて3倍ないし4倍程度の増加が見込まれている。

　被服費については、現在のわが国の消費水準はほぼ国際水準に達しているが、それでも勤労世帯で2.5倍、一般世帯で2.0倍、農家で2.7倍程度と堅実な増加をみるであろう。雑費は勤労世帯で2.7倍、一般世帯で2.4倍、農家で3.6倍と各世帯ともかなり大きな増加を示し、家計費中に占める比率も大幅に増大する。そのうちとくに交通通信費、教養娯楽費等の伸びが大きいが、これは、将来所得の伸びや余暇の増大にともない、レクリエーションをはじめ文化面の支出が著しく増大するからである。

　このように消費水準の上昇とともに消費内容もかなり高度化するものと予想されるが、それは産業構造高度化を促進し、また需要面から直接成長をささえる要因となろう。

　国民生活の向上が基本的には所得の増加によるものである以上、その対策はまず個人の所得向上に求めなければならないが、それでもなお個人の自由選択では解決の困難な分野が存在する。すなわち、住宅、生活環境施設の面で、その改善、拡充は重要な施策である。

　また、今後の国民生活向上の方向にとつてとくに注目されなければならないのはつぎの点である。第一は経済の発展にともなう所得の増加、勤労時間の短縮等によりもたらされる余暇時間の増大とその対策である。健康で文化的な生活向上を図るためには、その基盤となる余暇が有効かつ積極的に活用され、教養、文化、厚生面の生活が充実されなければならない。第二は消費構造の高度化に対応して健全な消費生活が維持されていくような消費者の立場に立つた対策、すなわち、消費者物価の安定、各種の消費者保護対策から、進んで消費知識の普及指導まで含めた対策が必要である。

第3章　国民生活の将来

　国民の創意工夫と政府の適切な政策によつて、わが国の潜在的な成長力が十分に発揮され、今後10年、あるいはそれよりも早い機会に、国民所得の倍増が実現されるならばわれわれの国民生活は著しく充実されるであろう。

　わが国の1人当たりの国民所得は10年後には20.8万円（現行レートで換算して579ドル）と、現在のほぼ2倍の水準になる。

　このような所得の増加によつて、消費水準が向上しその内容も著しく改善されるであろう。まず、食生活についてみると、穀類などの主食の統制は間接的なものになつて現在以上に国民の好みに応じて購入できるようになる。しかし、その消費量はあまりふえず、代つて肉、乳、卵や加工食品などの消費がふえ、食生活の高度化と近代化が進むであろう。この結果、国民の栄養水準もつぎのように大幅な改善が期待される。

　物的生活面でも第26表にみるようにわれわれの生活はかなり豊かなものになろう。生産の上昇とともに鉄鋼消費やエネルギー消費などは

第25表　国民栄養水準（消費量）の見通し　（1人1日当たり）

項　目　　　　　　　　年　度	基準年次	目標年次
熱量（単位カロリー）　主食　米	1,065(100)	1,027 (96)
麦類	368(100)	239 (65)
小計	1,433(100)	1,266 (88)
非主食	804(100)	1,300(162)
合　計	2,237(100)	2,566(115)
蛋白質（単位グラム）　動物性	16.2(100)	33.0(204)
植物性	49.8(100)	49.6(100)
合　計	66.0(100)	82.6(125)
脂　質（単位グラム）	24.1(100)	53.7(223)

(注)　(　)内は指数を示す。

第26表　物的消費の推移

項　目	保有または年間総消費			普及率または1人当たり消費		
	単　位	34年度	目標年次	単　位	34年度	目標年次
総　人　口	万　人	9,294	10,222			
世　帯　数	万世帯	2,255	2,604			
鋼　消　費	万トン	1,493	4,500	kg/人	161	440
乗　用　車	1,000台	300	2,240	台/1,000人	3.2	21.9
テ　レ　ビ	万　台	450	2,250	対世帯%	20.0	86.4
電気洗濯機	万　台	420	1,850	〃	18.6	71.0
電気冷蔵庫	万　台	60	1,320	〃	2.7	50.7
繊維(衣料用)	1,000トン	582	1,108	kg/人	6.26	10.84
エネルギー	(7,000kcal 石炭換算100万トン)	133	283	トン/人	1.43	2.8
都市ガス	100万 m³	2,056	4,937	対世帯%	22.4	30.2
電　　灯	100万 kwh	11,360	32,510	kwh/人	122.2	318.1
電　　話	1,000台	4,865	18,900	台/100人	5.2	18.5

当然ふえるが、もつと身近な面でとらえると、自動車などの耐久消費財がふえるとともに家庭の電化も進み、電話の普及率なども高まる。その結果、家事労働も著しく軽減されることになるが、このことは、雇用の近代化によつてもたらされた労働時間の短縮と相まつて生活に余暇をもたせることになろう。

　つぎに住宅についてみると、総戸数は500〜600万戸ふえ2,300〜2,400万戸となり、同居などの不自然な居住形態がなくなり1世帯1住宅が実現するのも困難でない。現在の最低基準からみた約200万戸の住宅不足は解消し、住宅そのものの質的内容も目標年次には現在より75%以上よくなり、政府施策による耐火アパートなども、1戸3室あるいはそれ以上の標準的なものとなろう。

　また、大都市周辺の衛星都市や新工業地帯の育成と並んで、既成市街地では土地の有効利用という点から建築物の不燃高層化が行なわれ、中・高層住宅やいわゆるげたばきアパートの建設が積極的に進み、大規模住宅団地あるいは新都市も多数出現するものとみられる。現在ひ

つ迫している宅地需給もこのような既存宅地の高度利用、新たな宅地造成等によりかなり改善、安定化されるであろう。

つぎに生活環境施設では、上水道の総人口に対する普及率が現在の50％から80％近くに、都市ガスの普及率は現在の22％から30％に、下水道も市街地面積に対する現在の普及率15％が40％以上、とくに大都市では70％近くにまで向上することが予想される。また、いこいの場である都市公園の整備も行なわれ、公園面積も現在より5割以上増大することになろう。

つぎに、教育の面においては、現在のわが国では文盲者がほとんどなく教育水準がかなり高いが、10年後には15歳から18歳の義務教育修了者の高校進学率は現在の60％から70％に増加するなど一段と充実されよう。このほか、職業訓練、青年学級、各種学校などの普及充実が行なわれ、さらに、技術革新と対応して理工学系教育の比重が高まることが期待される。

社会保障については、この計画期間中にいっそう充実され、疾病、老齢、失業等の事故に対する備えはより強化され、国民が安心して働ける環境がますます整えられるであろう。とくにわが国では貧困と疾病の悪循環が依然として残されているが、今後は一般の生活水準の向上に見合つた生活扶助基準の引き上げと医療の機会均等が推進されることになり、健康で文化的な最低生活がいっそう充実したかたちで保障されよう。老後の生活についても、必要に応じ約4,000に達する公的な養老施設や老人ホームが設置され、また児童母子、身体障害者等のための施設も拡充されよう。さらに今日の無医地区や無病床地区は解消されることが期待される。

雇用面でも、成長を通じて雇用の近代化が促進されるであろう。一般的所得水準の上昇にともなつて低所得者世帯における多就業が緩和され、少就業高所得形態に近づくものと思われる。最低賃金制度も充実され、「貧乏と失業」の不安が解消することになり、年来の悲願で

ある完全雇用と豊かな生活水準に接近することができよう。

　戦争から戦後にかけてのあのみじめな状態からみれば、このような姿が実現されることは、たしかに世界に誇りうる国民の能力を物語るものである。

　しかし、国民の努力によつてここにかかげられた諸目標が実現するとしても、欧米の先進国に及ばない面はまだかなり多く残されており、いわんや理想ということからみればほど遠い。われわれとしては、この計画が計画通りに、そしてできればもつと早い機会に達成されて、国民生活もより高い水準になることを希望するものである。

〔付　録〕

1. 内閣総理大臣から経済審議会会長への諮問

2. 経済審議会会長から内閣総理大臣への答申

3. 「閣議決定」と「答申」との相違一覧表

4. 委員・専門委員名簿

　　国民所得倍増計画（1960年）

　　〈参考〉
　　経済自立５ヶ年計画（1956年）
　　新長期経済計画（1957年）

付録 1

昭和34年11月26日

  経済審議会会長

    石　川　一　郎　殿

        内閣総理大臣　　岸　　　信　　介

経済審議会令第1条第1項の規定に基き、つぎのとおり諮問する。

 諮問第53号
  「国民所得倍増を目標とする長期経済計画いかん。」

付録2

昭和35年11月1日

内閣総理大臣　　　池　田　勇　人　殿

経済審議会会長　　　石　川　一　郎

　昭和34年11月26日経企諮問第53号をもつて当経済審議会に対し、諮問のあつた標記の件について別紙の通り答申する。

　この答申の作成に当つては、経済審議会内に既存の総合政策部会のほか、新たに計量、政府公共部門、民間部門の三部会を設け、学識経験者および各界代表よりなる委員30名、臨時委員18名、専門委員191名（別添委員会名簿参照）が、各関係政府機関の協力をえて、慎重審議を行つた。各部会の報告も添付したから、参考とされたい。

　政府は、今後の経済運営の指針としてこの答申にもとずき、すみやかに国民所得倍増計画を決定し、その趣旨を国民に周知徹底させて、その十分な理解と強力のもとに、計画の着実な推進をはかられたい。

　また、政府は、この計画の実行にあたつては、国民の創意工夫と働らく意欲に期待しつつ、計画が提起した課題を適時適切に、解決していくことに留意されるとともに、とくにつぎの諸点に配慮して、新計画の円滑なる実現を図られたい。

1．本計画を具体化するため、制度、機構の改善を含め必要な措置

を講ずること。
2．成長を維持するために直接的統制手段を強化したり、行政の繁雑化をもたらすことはさけること。
3．将来の計画策定に資するための計画作成に必要な統計資料の整備に努めること。

　この答申においては、国民所得の倍増が達成される時期をおおむね10年後と想定して、その場合の国民経済の姿とそれを達成するに当つて配慮すべき政策をかかげた。もし、諸条件が本答申の想定したものより好転する場合は、計画達成の期間が短縮されることになろう。

　本経済審議会としては、経済の安定や将来の経済成長力をそこなうことなく、国民の協力のもとに計画の早期達成が実現することはむしろ望ましいと考える。いずれにしても現在の高成長を維持していくためには、あい路発生の防止に政策の重点をおくとともに、内外の景気変動に際してその影響を最小限に喰止めるための有効な政策手段を用意する必要があると考える。

　なお政府は、当審議会が計画作成後の状況の検討や計画実施との関連において審議を続行しうるよう適当な措置を講ぜられたい。

付録3

本欄には「国民所得倍増計画に関する経済審議会の答申」が入るべきであるが、「閣議決定をみた国民所得倍増計画」と大差ないので削除した。なお、「閣議決定」と「答申」との相違は下表のとおりである。

「閣議決定」と「答申」との相違一覧表

(※本書では該当頁にアンダーラインを付した)

本書の頁数	閣 議 決 定 文	答 申 文
112	閣議決定した「新	政府決定された現行「新
113	産業構造は「新長期経済計画」の	産業構造は現行計画の
115	具体的	可及的に具体的
115	政府長期計画は	政府長期計画が
116	調整する必要がある	調整されるべきである
116	したがつて、毎年	したがつて、政府も毎年
123	35年度から目標年次まで	35年度から45年度まで
125	年次の約26%から約37%	年次の26%から約37%
125	大幅な増大	大幅な比率の増大
126	基準年次の約44%から47%	基準年次の44%から約47%
127	35年度の約34%	35年度の34%
133	で、たえず	で、政府としてはたえず
136	入ることなく	入るべきでなく
136	し、直接的	。政府は直接的
139	充実を図らなければ	充実が図られなければ
140	費用の増強や機構の合理化	費用や機構の増強合理化
140	大いに留意する。	大いに配慮すべきである。
140	抜本的解決策を講じなけれ	抜本的解決策が講ぜられなけれ
143	34年度から目標年次に約	34年度から45年度に約
145	試算され、目標年次の工業	試算され、45年の工業
145	設置を考慮する	設置がのぞましい。
154	することに努める。	することがのぞましい。
155	重点を指向する。	重点を指向すべきである。

本書の頁数	閣議決定文	答申文
155	投資態度でのぞむ必要がある。	投資態度がのぞまれる。
156	にする。	にすべきである。
157	確立するものとする。	確立すべきである。
158	みれば目標年次には	みれば昭和45年度には
160	進学率は目標年次に……昭和38〜40年	進学率は昭和45年度に……昭和38年〜40年
160	その結果、目標年次における	その結果、昭和45年度における
164	事業主負担を考慮し	事業主負担が考慮され
164	格別の措置をとらなければ	格別な措置がとられなければ
164	解消等についても十分	解消等においても国が十分
164	引き上げ等を考慮する必要がある。	引き上げ等が考慮されるべきである。
164	検討を行なう必要がある。	検討を行なうべきである。
165	促進等を図る必要がある。	促進等を図るべきである。
165	徹底させる必要がある。	徹底させなければならない。
166	活用などを図る必要があろう。	活用などを図るべきであろう。
168	優先的に考える必要があろう。	優先的に考えられるべきであろう。
169	強力に進める必要があろう。	強力に進めるべきであろう。
171	し、あい路を打開することにある。	し、隘路を打開することにある。
171	促進するものとする。	促進すべきである。
172	立場をとることとする。	立場をとるべきである。
172	是正するものとする。	是正すべきである。
172	きりかえるものとする。	きりかえるべきである。
177	推進する必要がある。	推進すべきであろう。
177	行政措置をとる要がある。	行政措置をとることが要請される。
178	重視する必要がある。	重視すべきである。
179	ことが必要であろう。	ことが要請される。
182	合理化を図ることに努める要がある。	合理化を図ることがのぞましい。
182	金融的措置をとらなければ	金融的措置がとらなければ
182	必要がある。	べきである。

付録3 「閣議決定」と「答申」との相違一覧表

本書の頁数	閣 議 決 定 文	答 申 文
182	実施するものとする。	実施すべきである。
183	推進する必要があろう。	推進すべきであろう。
183	目標年次の保有台数	45年度の保用台数
184	石油化学は目標年次の	石油化学は45年度の
184	基礎的産業の	基本的産業の
184	鉄鋼業では目標年次の	鉄鋼業では45年度の
186	強化することである。	強化すべきである。
187	努める要がある。	努めるべきである。
187	努めるものとする。	努めるべきである。
188	目標年次は、2,350億	45年度は、2,350億
188	34年度と目標年次を比べる	34年度と45年度を比べる
189	水産部門は2.4%	水産物は2.4%
189	34年度と目標年次の	34年度と45年度の
190	として目標年次まで	として45年度まで
191	適切な対策	適切な政策対策
191	努める必要がある。	努めるべきである。
191	目標年次の輸入	45年度の輸入
192	確立が必要である。	確立がのぞまれる、
193	誘導政策も必要である。完全	誘導政策の必要が認められる。完全
194	政策に移る必要があり、そのため	べきであり、そのため
194	質的転換が必要である。	質的転換がのぞまれる。
194	おかれるものとする。	おかれるべきである。
194	施策が必要である。	施策がのぞまれる。
194-195	また木材流通過程…の…促進する必要がある	また木林流通過程の……促進する要がある
195	努めることが必要	努めることが肝要
195	増大を図ることにより、	増大にささえられて、
195	75万人から目標年次に	75万人から45年度に
195	代化を推進しなければならない。このため、	代化が推進されなければならない。このためには、

本書の頁数	閣 議 決 定 文	答 申 文
196	調整を図り、	調整が図られなければならない。
197	適切な	政府の適切な
197	方向を中小企業対策……促進する必要	方向が中小企業対策……促進される必要
197	とが必要とならう。	とがのぞましい。
197	検討を行なう必要がある。	検討を行なうべきである、
198	助成を行なう必要がある。	検討が行なわれるべきである、
198	(ロ)業種別振興対策	(ロ)政府、公共団体の政策としては業種別振興対策
198	確立を促進する必要がある。	確立が進められなければならない。
203	課題である。	課題であり、また政策のよろしきをうれば十分に実現できるであろう。
206	拡充は重要な	拡充は政府が受け持つべき重要な

付録4

国民所得倍増計画各部会委員名簿 (五十音順)

総合政策部会

中山伊知郎（一橋大学教授）

足立　　正（日本商工会議所会頭）
谷口　　孟（日本銀行副総裁）
石川　一郎（日本原子力委員会委員）
稲垣平太郎（日本貿易会会長）
植村甲午郎（経済団体連合会副会長）
氏家　寿子（日本女子大学教授）
内田　俊一（東京工業大学名誉教授）
太田垣士郎（関西電力株式会社社長）
川北　禎一（日本興業銀行頭取）
倉田　主税（株式会社日立製作所社長）
小島　新一（八幡製鉄株式会社社長）
駒村　資正（日本貿易振興会顧問）
杉　道助（大阪商工会議所会頭）
高垣勝次郎（三菱商事株式会社社長）
高橋　亀吉
東畑　精一（アジア経済研究所所長）
原　安三郎（日本化薬工業株式会社社長）
堀江　薫雄（東京銀行頭取）
小汀　利得（経済企画庁参与）

政府公共部門部会

稲葉　秀三（国民経済研究協会理事長）

新居善太郎（道路河川審議会委員）
石松　正鉄（日本石炭協会会長）
内田　俊一
太田利三郎（日本開発銀行総裁）
大原総一郎
川北　禎一
楠見　義男（農林中央金庫理事長）
倉田　主税

小島　新一
菅　礼之助（電気事業連合会会長）
佐々部晩穂（名古屋商工会議所会頭）
丹羽　周夫（三菱造船株式会社社長）
原　安三郎
古沢　潤一（日本輸出入銀行総裁）
村瀬　直養（中小企業安定審議会会長）
和田　完二（丸善石油株式会社社長）

民間部門部会

高橋　亀吉（高橋経済研究所所長）

浅尾　新甫（日本船主協会会長）
市川　　忍（丸紅株式会社社長）
氏家　寿子
大塚　　肇（東京商工会議所副会頭）
大原総一郎（倉敷レイヨン株式会社社長）
賀集　益蔵（三菱レイヨン株式会社社長）
金井滋直（興国人絹パルプ株式会社社長）
北野　重雄（商工組合中央金庫理事）
木村鉱二郎（日本冷蔵株式会社社長）
楠見　義男
倉田　主税
小菅宇一郎（伊藤忠商事株式会社社長）
高垣勝次郎
土井　正治（住友化学工業株式会社社長）
永井　嘉吉（日本商工会議所中小企業委員会委員長）
永野　重雄（富士製鐵株式会社社長）
新関八州太郎（第一物産株式会社社長）
萩原吉太郎（北海道炭鉱汽船株式会社社長）
荷見　　安（全国農業協同組合中央会会長）
原　　吉平（日本紡績協会委員長）
藤林　敬三（慶応大学教授）

堀江　薫雄

計量部会

山田　雄三（一橋大学教授）

東畑　精一
脇村義太郎（東京大学教授）
有沢　広巳（経済企画庁参与）

各部会作業班別専門委員名簿（◎印＝小委員長）

総合政策部会

〈専門委員〉
安芸　皎一（東京大学教授）
浅田　敏章（大阪商工会議所常議員）
稲葉　秀三
井上　英熙（日本セメント株式会社社長）
伊大知良太郎（一橋大学教授）
今野源八郎（東京大学教授）
岡松成太郎（北海道電力社長）
尾高　邦雄（東京大学教授）
押川　一郎（日本生産性本部事務局長）
工藤　友恵（関西経済連合会事務局長）
近藤　文二（大阪市立大学教授）
谷林　正敏（日本貿易会専務理事）
館　　稔（厚生省人口問題研究所長）
土屋　　清（朝日新聞論説委員）
東畑　四郎（農林水産業生産性向上会議理事長）
内藤　　勝（東京大学教授）
馬場啓之助（一橋大学教授）
平田敬一郎（日本開発銀行副総裁）
福良　俊之（東京新聞論説委員）
山田　雄三
山本　高行（富士製鐵株式会社副社長）
山下　静一（経済同友会事務局長）
〈幹　事〉
総理府（内閣総理大臣官房審議室参事官）
外　務　省（経済局外務参事官）
大　蔵　省（官房調査課長）
　〃　　　（主計局主計官）
文　部　省（官房総務課長）

厚　生　省（官房企画室長）
農　林　省（官房企画室長）
通商産業省（官房企画室長）
　〃　　　（官房調査課長）
運　輸　省（官房企画課長）
郵　政　省（官房調査課長）
労　働　省（官房総務課長）
建　設　省（官房主席調査官）
自　治　省（財政局財政課長）
防　衛　庁（官房総務課長）
科学技術庁（官房総務課長）
北海道開発庁（企画室長）
首都圏整備委員会（事務局計画第一部企画室長）

政府公共部門部会

（1）投資配分
◎稲葉　秀三（国民経済研究協会理事長）
　円城寺次郎（日本経済新聞主幹）
　土屋　　清（朝日新聞論説委員）
　湊　　守篤（日本興業銀行常務取締役）
　原　安三郎（日本化薬社長）
　鈴木　雅次（日本大学教授）
　楠見　義男（農林中央金庫理事長）
　平田敬一郎（日本開発銀行副総裁）
　藤瀬　五郎（日本放送協会解説委員）
　前田　　清（産業計画会議事務局長）

（3）産業立地、産業基盤の造成
◎土屋　　清（政―1）
　平　　貞蔵（資源調査会委員）

大宮　二郎（興国人絹パルプ企画室長）
松井　達夫（早稲田大学教授）
山本　正雄（毎日新聞論説委員）
佐藤　武夫（国民経済研究協会理事）
山下　静一（経済同友会事務局長）
柴田　徳衛（東京都立大学助教授）
高城　元（日本商工会議所専務理事）
佐藤　弘（一橋大学教授）
磯村　英一（都立大学教授）

――――――――

(4) 合理的な総合交通体系の確立
◎秋山　竜（日本空港ビル社長）
　吉田　五郎（日本電機精器社長）
　黒田　静夫（日本港湾協会専務理事）
　増井　健一（慶応大学教授）
　今野源八郎（東京大学教授）
　滝山　養（日本国有鉄道理事）
　小野　哲（日本自動車会議所常務理事）
　富樫　凱一（三菱地所顧問）
　浅田　敏章（大阪商工会議所常議員）

――――――――

(5) 住宅・生活環境施設の整備
◎谷　重雄（東京都立大学教授）
　浅田　孝（世界デザイン会議事務局長）
　磯村　英一（東京都立大学教授）
　久保　譲（東京都技術顧問）
　幸島　礼吉（東京都市政調査会理事）
　高山　英華（東京大学教授）
　橋本正己（公衆衛生院衛生行政学部長）
　広瀬孝太郎（東北大学教授）

――――――――

(6) 国土の保全と有効利用の立場に立つ治山・治水
◎福良　俊之（東京新聞論説委員）
　安芸　皎一（科学技術庁科学審議官）
　園田　次郎（朝日新聞国土総合開発調査会事務局長）
　野村　進行（林業経済研究所理事長）
　伊藤　剛（電力中央研究所主任研究員）
　矢野　勝正（京都大学教授）

(8) 合理的エネルギー政策の確立
◎巽良知（資源調査会エネルギー部会長）
　新井　浩（日本石油㈱常務取締役）
　鈴木　治雄（昭和電工㈱副社長）
　嘉治　元郎（東京大学助教授）
　中川　哲郎（電気事業連合会専務理事）
　佐久　洋（日本石炭協会専務理事）
　川崎　勉（民―7）
　古藤利久三（民―7）

――――――――

(10) 科学技術者教育の充実と技術開発
◎向坊　隆（東京大学教授）
　後藤　浩（日経連事務局長）
　和田　弘（電気試験所電子部長）
　堀　武男（富士製鉄㈱企画室調査役）
　入江　明（八幡化学工業㈱常務取締役）
　増田　米治（日本生産性本部生産性研究所次長）
　井上春成（日本プラント協会専務理事）

――――――――

(11) 教育と職業訓練制度の充実
◎佐々木重雄（慶応大学教授）
　淡路円治郎（立教大学教授）
　大塚　明郎（東京教育大学教授）
　尾高　邦雄（東京大学教授）
　清水　義弘（東京大学教授）
　西　清子（婦人少年問題審議会委員）
　乗富　丈夫（日本光学工業㈱常務取締役）

――――――――

(14) 社会保障の充実と社会福祉の向上
◎今井　一男（国家公務員共済組合連合会理事長）
　中鉢　正美（慶応大学教授）
　山高しげり（全国地域婦人団体連絡協議会会長）
　近藤　文二（大阪市立大学教授）
　田辺　繁雄（保健福祉地区組織育成中央協議会理事長）

(17) 財政金融
◎森永貞一郎（中小企業金融公庫総裁）
　岩佐　凱実（富士銀行副頭取）
　堀越　禎三（民―12）
　佃　　正弘（日本経済新聞編集局長）
　佐々木　直（日本銀行理事）
　木村　元一（一橋大学教授）

(作業班に属さない専門委員)
渡辺喜久造（日本住宅公団副総裁）

民間部門部会

(2) 民間部門における政府計画の役割
◎高橋　亀吉（高橋経済研究所長）
　山本　高行（富士製鉄副社長）
　工藤　友恵（関西経済連合会事務局長）
　上子　俊秋（読売新聞論説委員）
　平田敬一郎（政―1）
　東畑　四郎（農林水産業生産性向上会議理事長）
　木川田一隆（東京電力副社長）
　金子佐一郎（十条製紙社長）

(7) 工業の高度化
◎石原　武夫（古河電気工業常務取締役）
　川崎　　勛（鉄鋼連盟調査局長）
　菊本　秀夫（三井物産業務部次長）
　古藤利久三（経団連事務局次長）
　篠原三代平（一橋大学教授）
　田中　　宏（日本機械工業連合会常務理事）
　谷口　義夫（住友化学工業専務取締役）
　西野嘉一郎（芝浦製作所専務取締役）

(9) 貿易および国際経済協力の促進
◎赤松　　要（明治大学教授）
　小島　　清（一橋大学教授）
　佐瀬　六郎（日本貿易振興会調査部長）
　谷林　正敏（日本貿易会専務理事）
　内田　忠夫（東京大学助教授）
　村野　　孝（日本輸出入銀行調査部長）
　米田富士雄（日本船主協会理事長）
　清水純夫（産業経済新聞編集企画委員）

(12) 農林水産業の近代化と産業間労働力移動の推進
◎的場　徳造（農業総合研究所海外部長）
　堀越　禎三（経団連事務局長）
　梅村　又次（一橋大学助教授）
　浅野　長光（水産研究会会長）
　並木　正吉（農業総合研究所雇用研究室長）
　氏原正治郎（東京大学教授）
　野村　進行（林業経済研究所）
　逸見　謙三（農業総合研究所所員）

(13) 中小企業対策
◎竹内　正己（大阪府立商工経済研究所長）
　加藤　　信（中小企業金融公庫調査部次長）
　中村　孝士（日本勧業銀行調査部次長）
　泉　　三義（東京都立大学教授）
　山口　謙三（内外労働経済研究協会事務局長）

(15) 賃金雇用の改善
◎内藤　　勝（東京大学教授）
　中村　隆英（東京大学助教授）
　森　　五郎（慶応大学教授）
　梅村　又次（一橋大学助教授）
　吉田　美之（日経連労働経済研究所研究室長）
　小島健司（内外労働経済研究協会理事）

(16) 生活水準の向上
◎氏家　寿子（日本女子大学教授）
　伊大知良太郎（一橋大学教授）
　有本邦太郎（国立栄養研究所長）
　山崎　　進（生産性本部消費者教育室長）
　小尾恵一郎（慶応大学教授）

付録4　委員・専門委員名簿

松下　省二（三越常務取締役業務部長）
河野　正明（京都新聞論説委員）

（作業班に属さない専門委員）
春野　鶴子（主婦連副会長）
滝田　実（全労議長）
早川　勝（日経連専務理事）

計量部会

荒　憲治郎（一橋大学助教授）
伊大知良太郎（一橋大学助教授）
内田　忠夫（東京大学助教授）
梅村　又次（一橋大学助教授）
嘉治　元郎（東京大学助教授）
小島　清（一橋大学教授）
塩野谷祐一（一橋大学助教授）
篠原　泰三（東京大学教授）
篠原三代平（一橋大学助教授）
館　稔（人口問題研究所長）
内藤　勝（東京大学教授）
馬場啓之助（一橋大学教授）
肥後　和夫（成蹊大学助教授）
宮沢　健一（横浜市立大学助教授）
山田　勇（一橋大学教授）

（三部会に共通する各専門委員）
総理府　内閣総理大臣官房審議室長
外務省　官房長、経済局長
大蔵省　官房長、主計局長、主税局長、理財局長、銀行局長、為替局長
文部省　官房長、初等中等教育局長、大学学術局長、調査局長
厚生省　官房長、公衆衛生局長、社会局長、保険局長、年金局長
農林省　官房長、農地局長、農林経済局長、林野庁林政部長、水産庁漁政部長
通商産業省　官房長、企業局長、鉱山局長、石炭局長、公益事業局長、通商局長、工業技術院調整部長、中小企業庁振興部長
運輸省　官房長、鉄道監督局長、港湾局長、自動車局長、海運局長、航空局長、観光局長
郵政省　官房長
労働省　官房長、労働基準局長、職業安定局長
建設省　官房長、住宅局長、河川局長、道路局長、計画局長
自治省　官房長、財政局長
防衛庁　官房長
科学技術庁　官房長、計画局長、原子力局長、資源局長
首都圏整備委員会事務局長
北海道開発庁総務監理官
経済企画庁審議官（5人）

経済企画庁

長　官	（菅野和太郎）	吉行市太郎
	迫水　久常	出雲井正雄
政務次官	（岡部　得三）	浅野　義光
	後藤　義隆	古川　汎慶
事務次官	（徳永　久次）	庄野五一郎
	小出　栄一	日銀政策委員　日高準之助
審議官	（人見　孝）	官房長　井上　一
	（斎藤　常勝）	秘書課長　浅海　諒介
	（藤田　茂）	会計課長　（塚本　茂）

	川村　鈴次	総合開発局長	(藤巻　吉生)
企 画 課 長	熊谷　典文		曽田　　忠
調 査 官	永井　　陽	参 事 官	(竹田　達夫)
	横山　康夫		黒津兆太郎
調 整 局 長	(大堀　弘)		南部　哲也
	中野　正一	総合開発課長	玉置　康雄
参 事 官	小船　　清	開発計画課長	奥田　　亨
	佐々木彰一	特別地域開発課長	池田　迪弘
	有吉　　正	国土調査課長	桜井　史郎
調 整 課 長	赤沢　璋一	東北開発室長	長沢　道行
農 林 課 長	(佐俣幸二)	離島振興課長	和泉　一雄
	後藤伝一郎	東北開発株式会社監理官	浅間　一彦
貿易為替課長	荘　　　清	調 査 官	岡村　忠正
交 通 課 長	岩淵　竹也	調 査 局 長	金子　美雄
財政金融課長	前川　憲一	参 事 官	糸賀　　庸
物価政策課長	(御代田市郎)	内国調査課長	向坂　正男
	佐藤　健司	海外調査課長	林　雄二郎
民生雇用課長	真島　毅夫	統 計 課 長	倉持　　博
水質保全課長	古沢　長衛	調 査 官	宍戸　寿雄
水質調査課長	森　　一衛	〃	長沢　正男
調 査 官	吉村　泰明	〃	馬越　善通
総合計画局長	大来佐武郎	経済研究所長	大川　一司
参 事 官	吉植　　悟	庶 務 課 長	山田　敏行
	山下　　貢	国民所得部長	平山　正隆
計 画 課 長	遠藤　　胖	主任研究官	尾崎　朝夷
計 画 官	田口　三郎	〃	川上　正道
	阿部　　茂	〃	安永　武己
	佐藤　二郎	〃	清水　　豊
	加納　治郎	〃	辻村江太郎
	成田　寿治	〃	佐倉　　致
	森　　　仁	〃	岡崎不二男
	下条進一郎	(兼)〃	内田　忠夫
電源開発官	大塚　恭二	(兼)〃	(宮沢　健一)
調 査 官	河原　輔之		

〈参考〉

経済自立5ヶ年計画各部会委員名簿 (◎印部会長、順不同)

1. 総合部会

〈委　員〉
◎石川　一郎　経済団体連合会会長
　井上　敏夫　日本銀行副総裁
　小林　　中　日本開発銀行総裁
　大原総一郎　倉敷レーヨン社長
　中山伊知郎　一橋大学教授
　東畑　精一　東京大学教授
　藤山愛一郎　日本商工会議所会頭
〈臨時委員〉
　松隈　秀雄　日本租税研究会副会長
　三好　重夫　地方制度調査会委員
〈専門委員〉
　高梨　壮夫　日本銀行理事
　東畑　四郎　前農林次官
　堀越　禎三　経済団体連合会事務局長
　工藤　友恵　関西経済団体連合会事務局長
　郷司　浩平　経済同友会常任幹事
　岡松成太郎　日本商工会議所専務理事
　吉野　孝一　大阪工業会会長
　里井達三良　大阪商工会議所専務理事
　堀田　健男　大正生命専務取締役
　谷林　正敏　日本貿易会専務理事
　片岡　謌郎　運輸調査局理事長
　土屋　　清　朝日新聞論説委員
　野田　信夫　成蹊大学教授
　稲葉　秀三　国民経済研究協会理事長
　山田　雄三　一橋大学教授
　山本　高行　富士製鐵常務取締役
　船田　文子　主婦連合会常任委員
　島津　久大　外務省官房長
　森永貞一郎　大蔵省主計局長
　石原　周夫　大蔵省官房長
　斎田　　晃　厚生省主席参事官
　安田善一郎　農林省官房長
　谷垣　専一　農林省官房長
　岩武　照彦　通商産業省官房長
　山内　公猷　運輸省官房長
　八藤　東禧　郵政省経理局長
　江下　　孝　労働省職業安定局長
　不破　二朗　建設省官房長
　後藤　　博　自治庁財政部長
　門叶　宗雄　防衛庁官房長
〈幹　事〉
　外　務　省　官房総務課長
　大　蔵　省　主計局総務課長、官房調査課長
　厚　生　省　参事官
　農　林　省　官房企画室長
　通商産業省　官房企画室長、官房調査課長
　運　輸　省　官房企画課長
　郵　政　省　官房文書課長
　労　働　省　官房総務課長
　建　設　省　官房文書課長
　自　治　庁　財政部財政課長
　防　衛　庁　官房文書課長

2. 生産部会

〈委　員〉
◎渡辺　義介　八幡製鐵社長
　倉田　主税　日立製作所社長
　木村鉱二郎　日本冷蔵社長
　栗木　　幹　三井鉱山社長
　土井　正治　住友化学社長
　吉本　熊夫　日本碍子社長
　湯河　元威　農林中央金庫理事長
　東畑　精一　東京大学教授
　大田垣士郎　関西電力社長

〈専門委員〉

石井　一郎	日本興業銀行常務取締役
竹俣　高敏	日本開発銀行理事
伊藤　　博	農林漁業金融公庫理事
楠見　義男	全国農業会議所理事
田口　教一	日本畜産会常務理事
藤田　　巖	大日本水産会副会長
秋元真次郎	日本食品化学工業常務取締役
伊藤　　佐	国土総合開発審議会委員
渡辺　　浩	日本船舶工業会専務理事
平井寛一郎	電気事業連合会事務局長
天日　光一	日本石炭協会専務理事
橘　　弘作	日本機械工業連合会専務理事
長谷川周重	住友化学経理部長
村山　　高	日本紡績協会理事
三谷雄一郎	三菱石油生産部長兼企業室長
稲川　宮雄	日本中小企業団体連盟専務理事
岡村　　武	日本鉄鋼連盟専務理事
中安　閑一	宇部興産副社長
松永　　幹	紙パルプ連合会理事長
川口　一郎	日本化学繊維協会理事長
樋口　重雄	日本鉱業協会専務理事
中司　　清	鐘淵化学社長
仲矢　虎夫	経済団体連合会理事
福良　俊之	東京新聞論説委員
稲葉　秀三	国民経済研究協会理事長
野村　進行	東京大学講師
宮川新一郎	大蔵省主計局次長
原　　純夫	〃
小倉　武一	農林省農業改良局長
大坪　藤市	〃
渡辺　伍良	農林省農地局長
小倉　武一	〃
新沢　　寧	食糧庁総務部長
岩武　照彦	通商産業省官房長
徳永　次久	通商産業省企業局長
山内　公猷	運輸省官房長
中西　　実	労働省労政局長

〈幹　事〉

大　蔵　省	総務課長
大　蔵　省	官房調査課長
農　林　省	官房総合開発課長
農　林　省	農地局計画部経済課長
農　林　省	官房総合食糧消費政策室長
通商産業省	官房企画室長
通商産業省	官房物資調整課長
運　輸　省	船舶局監理課長
運　輸　省	官房企画課長
労　働　省	労政局労政課長

3．建設交通部会

〈委　員〉

◎久留島秀三郎	同和鉱業社長
新居善太郎	道路河川審議会委員（部会長代理）
伊藤　武雄	日本船主協会会長

〈専門委員〉

田部井俊夫	日本長期信用銀行常務取締役
御手洗　修	三井銀行専務取締役
川崎　金蔵	日本生命保険相互常務取締役
井出　正孝	漁港協会会長
加納　秀雄	全国森林組合連合会専務理事
海内　要道	日本石炭協会生産部長
藤井　崇治	電源開発副総裁
岩永　賢一	住宅金融公庫理事
雨宮　謙次	日本郵船常務取締役
米田富士雄	日本船主協会理事長
中村　　豊	日本通運常務取締役
根津嘉一郎	東武鉄道社長
靱　　　勉	日本電信電話公社副総裁
石井　昭正	日本国有鉄道経理局長
清水　康雄	全国建設業協会会長

付録4　委員・専門委員名簿

武井　群嗣　元知事、元厚生次官
鈴木　雅次　港湾協会副会長、日本大学教授
内海　清温　建設技術研究所理事長
近藤謙三郎　全国道路利用者会議事務局長
宮川新一郎　大蔵省主計局次長
原　純夫
岡井　正男　農林省水産庁次長
藤村　重伍　農林省林野庁指導部長
仰木　重蔵　〃
徳永　久次　通商産業省企業局長
粟沢　一男　運輸省海運局長
真田　登　運輸省自動車局長
植田　純一　運輸省鉄道監督局長
荒木茂久二　運輸省航空局長
天埜　良吉　運輸省港湾局長
松井　一郎　郵政省郵務局長
平山　温　郵政省電気通信監理官
江下　孝　労働省職業安定局長
町田　稔　建設省計画局長
米田　正文　建設省河川局長
富樫　凱一　建設省道路局長
鎌田　隆男　建設省住宅局長

〈幹　事〉
大　蔵　省　主計局総務課長、官房調査課長
農　林　省　水産庁生産部漁港課長、林野庁指導部治山課長
通商産業省　企業局産業施設課長
運　輸　省　海運局海運調整部総務課長、自動車局総務課長、鉄道監督局総務課長、航空局監理部総務課長、港湾局計画課長
郵　政　省　参事官、郵便局施設課長
労　働　省　職業安定局失業対策課長
建　設　省　官房企画室長、計画局総務課長、河川局計画課長、道路局道路企画課長、住宅局住宅計画課長

4．民生雇用部会

〈委　員〉
◎有沢　広巳　東京大学教授
　栗木　幹　三井鉱山社長
　村瀬　直養　商工組合中央金庫理事長

〈専門委員〉
櫛田　光男　国民金融公庫総裁
岡田完二郎　宇部興産副社長
稲川　宮雄　中小企業団体連盟専務理事
藤田藤太郎　日本労働組合総評議会議長
滝田　実　全日本労働組合会議議長
松尾　均　国民経済研究協会常務理事
藤林　敬三　慶応大学教授
末高　信　早稲田大学教授
中鉢　正美　慶応大学教授
山中篤太郎　一橋大学教授
館　稔　厚生省人口問題研究所総務部長
船田　文子　主婦連合会常任委員
川野　重任　東京大学教授
宮原新一郎　大蔵省主計局次長
原　純夫　大蔵省主計局次長
高田　正己　厚生省保険局長
斎田　晃　厚生省主席参事官
安田善一郎　農林省官房長
谷垣　専一　農林省官房長
大坪　藤一　農林省経済局長
安田善一郎　農林省経済局長
徳永　久次　通商産業省企業局長
安西　正道　運輸省船員局長
江下　孝　労働省職業安定局長
堀　秀夫　労働省官房労働統計調査部長
不破　二朗　建設省官房長

〈幹　事〉
大　蔵　省　主計局総務課長、官房調査課長
厚　生　省　参事官
農　林　省　官房企画室長

農　林　省　農林経済局経済研究室長
通商産業省　企業局企業第二課長
運　輸　省　船員局労政課長
労　働　省　官房労働統計調査部労働経済課長
建　設　省　官房企画室長

5．貿易部会

〈委　員〉
◎高垣勝次郎　三菱商事社長
　阿部孝次郎　日本紡績協会委員長
　新関八州太郎　第一物産社長
　倉田　主税　日立製作所社長
〈専門委員〉
　五十嵐虎雄　日本銀行理事
　加藤　寛一　日本輸出入銀行理事
　堀江　薫雄　東京銀行常務取締役
　東　　弘　日本輸出水産業振興会専務理事
　吉田　清二　大日本蚕糸会会頭
　坂口　元三　東洋紡績経済研究所第三部主査
　玉置　敬三　東京芝浦電気取締役
　鷲見　　正　日本雑貨輸出組合専務理事
　稲山　嘉寛　八幡製鉄常務取締役
　水上　達三　第一物産代表取締役
　進藤　孝二　三井船舶常務取締役
　寺尾　一郎　三菱商事常務取締役
　谷林　正敏　日本貿易会専務理事
　宮内　俊之　伊藤忠商事取締役
　森　　長英　丸紅飯田副社長
　長村　貞一　海外貿易振興会専務理事
　藤瀬　五郎　世界経済調査会調査部長
　西村　純平　住友銀行専務取締役
　喜多村　浩　東京都立大学教授
　川口　一郎　日本化学繊維協会理事長
　湯川　盛夫　外務省経済局長
　石田　　正　大蔵省為替局長
　大坪　藤市　農林省農林経済局長

安田善一郎　〃
岩武　照彦　通商産業省官房長
板垣　　修　通商産業省通商局長
粟沢　一男　運輸省海運局長
〈幹　事〉
外　務　省　経済局第一課長
大　蔵　省　官房調査課長、主計局総務課長、為替局総務課長
農　林　省　農林経済局経済課長
通商産業省　官房物資調整課長、官房企画室長、通商局通商政策課長
運　輸　省　海運局外航課長

6．財政金融部会

〈委　員〉
◎川北　禎一　日本興業銀行頭取
　井上　敏夫　日本銀行副総裁
　金井　滋直　興国人絹パルプ社長
〈臨時委員〉
　松隈　秀雄　日本租税研究会副会長
　三好　重夫　地方制度調査会委員
〈専門委員〉
　船山　正吉　日本銀行理事
　中村　健城　日本開発銀行理事
　坂口　芳久　中小企業金融公庫総裁
　日高　　輝　日本興業銀行常務取締役
　岩佐　凱実　富士銀行常務取締役
　伊藤　　博　農林漁業金融公庫理事
　高橋　　一　日本輸出入銀行理事
　堀田　健男　大正生命保険専務取締役
　飯田　清三　日本証券投資協会会長
　堀越　禎三　経済団体連合会事務局長
　郷司　浩平　経済同友会常任幹事
　岡松成太郎　日本商工会議所専務理事
　東畑　四郎　前農林次官
　土屋　　清　朝日新聞論説委員
　藤田　武夫　立教大学教授
　伍堂　輝雄　日本鋼管取締役
　河野　一之　前大蔵次官

付録4　委員・専門委員名簿

萩田　　保	地方財政審議会委員		斎藤　憲三
森永貞一郎	大蔵省主計局長	次　　　官	（石原　武夫）
渡辺喜久造	大蔵省主税局長		上野　幸七
河野　通一	大蔵省理財局長	審　議　官	（山村　　章）
東条　猛猪	大蔵省銀行局長		（葦沢　大義）
斎田　　晃	厚生省主席参事官		（幸田　午六）
安田善一郎	農林省官房長		（井上　尚一）
谷垣　専一	〃		原　　　馨
大坪　藤一	農林省農林経済局長		今泉　兼寛
安田善一郎	〃		森　　誓夫
岩武　照彦	通商産業省官房長		森　　厳夫
徳永　久次	通商産業省企業局長		金子　美雄
山内　公猷	運輸省官房長		細田茂三郎
小野　吉郎	郵政省簡易保険局長		清島　省三
成松　　馨	郵政省貯金局長		大川　一司
江下　　孝	労働省職業安定局長	官　房　長	酒井　俊彦
不破　二朗	建設省官房長	日銀政策委員	（小室　恒夫）
門叶　宗雄	自治庁財政部長		伊藤　繁樹
〈幹　事〉		調　査　官	中村　清英
大　蔵　省	官房調査課長、主計局総務課長、主税局税制第一課長、理財局資金課長、銀行局総務課長		白石　国彦
		企画課長	川瀬　健治
		庶務課長	浅海　諒介
		会計課長	塚本　　茂
厚　生　省	参事官	広報課長	岡本　忠正
農　林　省	官房企画室長、官房会計課長、農林経済局金融課長	経済協力室長	大来佐武郎
		計画部長	佐々木義武
通商産業省	官房調査課長、官房企画室長、企業局企業第一課長、企業局産業資金課長	調　査　官	（伊藤　嘉彦）
			水野　　岑
			林　雄二郎
運　輸　省	官房企画課長		藤井　　孝
郵　政　省	簡易保険局運用課長、貯金局企画課長		河野　恒雄
		計画第一課長	（堀口　定義）
労　働　省	職業安定局失業対策課長		太田　亮一
建　設　省	官房企画室長	計画第二課長	越智　度男
自　治　庁	財政部財政課長	計画第三課長	（吉岡　　格）
			大師堂経慰
経済企画庁		調整部長	（松尾　金蔵）
			小山　雄二
長　　　官	高碕達之助	調　査　官	（伊藤　繁樹）
政　務　次　官	（田中竜夫）		木村　三男

	五神　辰雄		向坂　正男
	荒井　譲	調 査 課 長	後藤誉之助
	春日　正雄	統 計 課 長	吉植　悟
	田口　三郎	国民所得課長	浅野　義光
	真島　毅夫	開 発 部 長	植田　俊雄
産 業 課 長	（五神　辰雄）	調 査 官	藤巻　吉生
	吉岡　格		佐瀬　六郎
農 林 課 長	村田悠紀夫	開発第一課長	（堀　　直治）
貿易為替課長	村上　公孝		永田　正菫
財政金融課長	中嶋　晴雄	開発第二課長	奥田　亨
物 価 課 長	尾崎　英二	開発第三課長	酒井　信男
民生労働課長	（近藤　武夫）	開発第四課長	中岡　保
	三浦　善郎	国土調査課長	吉岡　茂
交 通 課 長	蒲　章		
調 査 部 長	須賀　賢二		
調 査 官	川村　鈴次		
	糸賀　庸		
	倉持　博		

注 （1）関係者多数のため課長、調査官以上に止めた。
　　（2）（　）内は前任者を示す。

〈参考〉

新長期経済計画各部会委員名簿 (五十音順)

総合部会

〈部 会 長〉
中山伊知郎　一橋大学教授
〈委　　員〉
足立　　正　日本商工会議所会頭
石川　一郎　原子力委員会委員
井上　敏夫　日本銀行副総裁
太田利三郎　日本開発銀行総裁
大原総一郎　倉敷レーヨン社長
金井　滋直　興国人絹パルプ社長
東畑　精一　東京大学教授(国民生活部会長)
鉱工業部会長
エネルギー部会長
農林水産部会長
建設交通部会長
雇用部会長
貿易部会長
財政金融部会長
〈臨時委員〉
松隈　秀雄　専売公社総裁
三好　重夫　公営企業金融公庫理事長、地方制度調査会委員
〈専門委員〉
秋山　　竜　日本航空ビル社長
井口竹次郎　大阪工業会会長
稲葉　秀三　国民経済研究協会理事長
大川　一司　一橋大学教授
岡松成太郎　日本商工会議所専務理事
工藤　友恵　関西経済連合会事務局長
郷司　浩平　日本生産性本部専務理事
里井達三良　大阪商工会議所専務理事
谷林　正敏　日本貿易会専務理事
土屋　　清　朝日新聞論説委員
東畑　四郎　農林水産業生産性向上会議理

事長
野田　信夫　成蹊大学教授(生産性本部生産性研究所長)
〈専門委員〉
福良　俊之　東京新聞論説委員
船田　文子　主婦連合会常任委員
堀越　禎三　経済団体連合会事務局長
堀田　健男　大正生命専務取締役
山下　静一　経済同友会常任幹事
山村　鉄男　日本銀行理事
山田　雄三　一橋大学教授
山本　高行　富士製鐵副社長
内閣総理大臣官房　審議室長
外　務　省　官房長
大　蔵　省　官房長、主計局長
文　部　省　大学学術局長
厚　生　省　官房長
農　林　省　官房長
通商産業省　官房長
運　輸　省　官房長
郵　政　省　経理局長
労　働　省　官房長
建　設　省　官房長
自　治　庁　財政局長
防　衛　庁　官房長
科学技術庁　官房長
経済企画庁　各審議官
〈幹　　事〉
内閣総理大臣　官房審議室、参事官(穴吹正二)
外　務　省　官房総務参事官
大　蔵　省　官房調査課長、主計局総務課長
文　部　省　大学学術局技術教育課長
厚　生　省　官房企画室長
農　林　省　官房企画室長

通商産業省	官房企画室長、官房調査課長	田中　紀夫	森林資源総合対策協議会常務理事
運　輸　省	官房企画課長	中川　哲郎	電気事業連合会専務理事
郵　政　省	官房調査課長	中司　　清	鐘淵化学社長
労　働　省	官房総務課長	中安　閑一	宇部興産社長
建　設　省	官房文書課長	〈専門委員〉	
自　治　庁	財政局財政課長	野村　進行	東京大学講師
防　衛　庁	官房総務課長	長谷川周重	住友化学計理部長
科学技術庁	官房総務課長	樋口　重雄	日本鉱業協会専務理事

1．鉱工業部会 (五十音順)

		福良　俊之	東京新聞論説委員
〈部　会　長〉		松永　　幹	紙パルプ連合会理事
倉田　主税	日立製作所社長	三谷雄一郎	三菱石油取締役生産部長
〈委　　員〉		村山　　高	日本貿易会理事
大塚　　肇	東京商工会議所副会頭	安田　元七	商工組合中央金庫理事
太田垣士郎	関西電力社長	渡辺　　浩	日本船舶工業会専務理事
栗木　　幹	三井鉱山社長	大　蔵　省	主計局次長 (佐藤一郎)
小島　新一	八幡製鉄社長	農　林　省	農林経済局長
土井　正治	住友化学社長	通商産業省	官房長、企業局長
吉本　熊夫	日本碍子社長	中小企業庁	振興部長
〈臨時委員〉		運　輸　省	官房長
永野　重雄	富士製鉄社長	労　働　省	労政局長
萩原吉太郎	北海道炭礦汽船社長	科学技術庁	企画調整局長
〈専門委員〉		経済企画庁	審議官 (永瀬真悦)
安芸　皎一	東京大学教授	〈幹　　事〉	
葦沢　大義	日本鉄鋼連盟専務理事	大　蔵　省	官房調査課長、主計局総務課長
石井　一郎	日本興業銀行常務取締役	農　林　省	農林経済局企業市場課長
稲川　宮雄	全国中小企業等協同組合中央会専務理事	通商産業省	官房企画室長 官房物資調整課長
稲葉　秀三	国民経済研究協会理事長	中小企業庁	振興部振興課長
井上　春成	日本プラント協会専務理事	運　輸　省	官房企画課長
内田　俊一	東京工業大学学長	労　働　省	労政局労政課長
梅野　友夫	日本開発銀行理事	科学技術庁	企画調整局企画課長
押川　一郎	日本生産性本部事務局長		
川口　一郎	日本化学繊維協会理事長	### 2．エネルギー部会 (五十音順)	
古藤利久三	経済団体連合会調査部長		
佐久　　洋	日本石炭協会専務理事	〈部　会　長〉	
篠原三代平	一橋大学助教授	小島　新一	八幡製鉄社長
島村　哲夫	八幡製鐵常務	〈委　　員〉	
橘　　弘作	日本機械工業連合会専務理事	有沢　広巳	原子力委員会委員

太田垣士郎　関西電力社長
栗木　幹　三井鉱山社長
佐々木弥市　日本石油社長
〈臨時委員〉
菅　礼之助　電気事業連合会会長
萩原吉太郎　北海道炭礦汽船社長
〈専門委員〉
安芸　皎一　東京大学教授
葦沢　大義　日本鉄鋼連盟専務理事
稲葉　秀三　国民経済研究協会理事長
石井　昭正　日本国有鉄道常務理事
内田　俊一　東京工業大学学長
佐久　洋　　日本石炭協会専務理事
谷崎　明　　日本化学工業協会専務理事
巽　良知　　電気学会通信教育会専務理事
竹中　伝一　日本瓦斯協会常務理事
神田　勝治　日本電気事業連合会理事
間島　達夫　日本開発銀行理事
三谷雄一郎　三菱石油取締役生産部長
米田富士雄　日本船主協会理事長
吉田半右衛門　石油資源開発株式会社顧問
大　蔵　省　官房財務調査官（谷村裕）
　　〃　　　　主計局次長（佐藤一郎）
林　野　庁　林政部長
通商産業省　官房長、鉱山局長、石炭局長、
　　　　　　公益事業局長
運　輸　省　官房長
科学技術庁　原子力局長、資源局長
経済企画庁　審議官（永瀬真悦）
〈幹　事〉
大　蔵　省　主計局総務課長、官房調査課
　　　　　　長
林　野　庁　林政部林政課長
通商産業省　官房物資調整課長、官房企画
　　　　　　室長、鉱山局石油課長、鉱山局
　　　　　　石油開発管理官、石炭局炭政課
　　　　　　長、公益事業局調査課長、公益
　　　　　　事業局原子力発電管理官、公益
　　　　　　事業局瓦斯課長
運　輸　省　官房企画課長

科学技術庁　原子力局政策課長

3. 農林水産部会（五十音順）

〈部　会　長〉
楠見　義男　農林中央金庫理事長
〈委　　員〉
大原総一郎　倉敷レーヨン社長
金井　滋直　興国人絹パルプ社長
木村鉱二郎　日本冷蔵社長
東畑　精一　東京大学教授
〈臨時委員〉
荷見　安　　全国農業協同組合中央会会長
〈専門委員〉
秋元真次郎　日本食品化学工業常務取締役
井出　正孝　漁港協会会長
伊藤　佐　　国土総合開発審議会委員
伊藤　博　　農林漁業金融公庫理事
稲葉　秀三　国民経済研究協会理事長
大川　一司　一橋大学教授
加納　秀雄　全国森林組合連合会常務理事
川野　重任　東京大学教授
窪田　喜照　全国酪農業協同組合連合会副
　　　　　　会長
田口　教一　日本畜産会常務理事
団野　信夫　朝日新聞論説委員
田中　紀夫　森林資源総合対策協議会常務
　　　　　　理事
東畑　四郎　農林水産業生産性向上会議理
　　　　　　事長
野村　進行　東京大学講師
馬場啓之助　一橋大学教授
平川　守　　全国農業会議所事務局長
福良　俊之　東京新聞論説委員
藤田　巌　　大日本水産会副会長
大　蔵　省　主計局次長（佐藤一郎）
農　林　省　官房長、農地局長、振興局長、
　　　　　　畜産局長
食　糧　庁　総務部長
林　野　庁　指導部長

水　産　庁　次長
科学技術庁　資源局長
経済企画庁　審議官（浅田重恭）
〈幹　事〉
大　蔵　省　官房調査課長、主計局総務課長
農　林　省　官房企画室長、農地局経済課長、振興局総務課長、畜産局畜政課長
食　糧　庁　総務部総務課長
林　野　庁　指導部計画課長
水　産　庁　漁政部漁政課長
通商産業省　繊維局紙業課長
科学技術庁　資源局科学調査官（井上勇）

4．建設交通部会 （五十音順）

〈部　会　長〉
植村甲午郎　経済団体連合会副会長
〈委　員〉
新居善太郎　道路河川審議会委員
久留島秀三郎　同和鉱業社長
佐々木弥市　日本石油社長
山見　勝見　日本船主協会会長
〈専門委員〉
安芸　皎一　東京大学教授
葦沢　大義　日本鉄鋼連盟専務理事
石井　昭正　日本国有鉄道専務理事
岩永　賢一　住宅金融公庫理事
靭　　勉　電々公社副総裁
内海　清温　電源開発総裁
小野　　哲　日本トラック協会顧問、（元交通審議会委員）
海内　要道　日本石炭協会生産部長
川崎　金蔵　日本生命保険常務取締役
片岡　謌郎　運輸調査会理事長
菊池　　明　日本道路公団理事
近藤謙三郎　全国道路利用者会議事務局長
今野源八郎　東京大学教授
渋江　操一　日本住宅公団理事
島田　孝一　早稲田大学教授
清水　康雄　全国建設業協会会長
鈴木　雅次　港湾協会副会長、日本大学教授
武井　群嗣　元知事、元厚生次官
田部井俊夫　日本長期信用銀行常務取締役
中村　　豊　日本通運常務取締役
〈専門委員〉
根津嘉一郎　東武鉄道社長
前田　　清　産業計画会議事務局長
御手洗　修　三井銀行取締役副社長
三谷雄一郎　三菱石油取締役生産部長
武藤　博忠　水利科学研究所長
渡辺　一良　日鉄汽船社長
大　蔵　省　主計局次長（村上一）
　　　　　　主計局次長（佐藤一郎）
林　野　庁　指導部長
通商産業省　企業局長
運　輸　省　海運局長、港湾局長、鉄道監督局長、自動車局長、航空局長
郵　政　省　郵政局長、電気通信監理官
労　働　省　職業安定局失業対策部長
建　設　省　計画局長、河川局長、道路局長、住宅局長
科学技術庁　科学審議官（吉識雅夫）
経済企画庁　審議官（土井智壽）
　　　　　　審議官（美馬郁夫）
〈幹　事〉
大　蔵　省　官房調査課長、主計局総務課長
農　林　省　農地局災害復旧課長
林　野　庁　指導部治山課長
通商産業省　企業局産業施設課長
運　輸　省　官房企画課長、海運局外航課長、港湾局計画課長、鉄道監督局総務課長、自動車局総務課長、航空局監理部総務課長
郵　政　省　官房参事官（篠原紀元）、郵政局施設課長
労　働　省　職業安定局失業対策部企画課

付録4　委員・専門委員名簿

	長
建　設　省	官房参事官（竹内藤男）、計画局総務課長、河川局計画課長、道路局道路企画課長、住宅局住宅計画課長
科学技術庁	企画調整局企画課長

5．雇用部会（五十音順）

〈部　会　長〉
有沢　広巳　東京大学名誉教授
〈委　員〉
太田利三郎　日本開発銀行総裁
大塚　　肇　東京商工会議所副会頭
村瀬　直養　商工組合中央金庫理事長
吉本　熊夫　日本碍子社長
〈専門委員〉
江幡　　清　朝日新聞論説委員
大川　一司　一橋大学教授
太田　　薫　日本合成化学労働組合連合会
　　　　　　委員長
岡田完二郎　宇部興産副社長
岡田　謙二　全国建設業協会勤労部長
北岡　寿逸　国学院大学教授
古賀　　専　日本労働組合総同盟総主事
伍堂　輝雄　経済同友会幹事
滝田　　実　全日本労働組合会議議長
内藤　　勝　東京大学教授
中島　英信　中小企業研究所長
中村　建城　国民金融公庫総裁
丹羽　周夫　三菱造船社長
野田　信夫　日本生産性本部生産研究所長
原口　幸隆　日本労働組合総評議会議長
藤田　たき　婦人問題研究所長
藤林　敬三　慶応大学教授
松尾　　均　国民経済研究協会常務理事
松田　正雄　日本経営者団体連盟専務理事
山中篤太郎　一橋大学教授
内閣総理大臣官房審議室長
大　蔵　省　官房財政調査官（谷村裕）

	〃	主計局次長（村上一）
文　部　省	大学学術局長
厚　生　省	官房長、人口問題研究所総務部長
農　林　省	農林経済局長、農業総合研究所研究員（並木正吉）
通商産業省	企業局長
運　輸　省	船員局長
労　働　省	官房労働統計調査部長、職業安定局長、労働基準局長
建　設　省	官房長
科学技術庁	科学審議官（河田覚）
経済企画庁	審議官（高橋長太郎）

〈幹　事〉
内閣総理大臣　官房審議室参事官（穴吹正二）

大　蔵　省	官房調査課長、主計局総務課長
文　部　省	大学学術局技術教育課長
厚　生　省	官房企画室長
農　林　省	官房企画室長
通商産業省	企業局企業第二課長
運　輸　省	船員局労政課長
労　働　省	官房労働統計調査部労働経済課長、職業安定局失業対策部企画課長、労働基準局福利課長
建　設　省	官房文書課長
科学技術庁	調査普及局科学調査官（大沼省三）

6．国民生活部会（五十音順）

〈部　会　長〉
東畑　精一　東京大学教授
〈委　員〉
足立　　正　日本商工会議所会頭
井上　敏夫　日本銀行総裁
大原総一郎　倉敷レーヨン社長
木村鉱二郎　日本冷蔵株式会社社長

〈専門委員〉
伊大知良太郎　一橋大学教授
今井　一男　非現業共済組合連合会理事長
江上　フジ　日本放送協会教育局教養部婦人課長
川野　重任　東京大学教授
楠本　正康　公営企業金融公庫理事
久保まち子　日本フェビアン研究所員
幸島　礼吉　東京市政調査会理事
重田　信一　全国社会福祉協議会組織部長
末高　信　早稲田大学教授
中鉢　正美　慶応大学教授
藤田　たき　婦人問題研究所長
藤本　武　労働科学研究所社会科学主任
船田　文子　主婦連合会常任委員
大　蔵　省　官房財務調査官（谷村裕）
〃　　　　　主計局次長（村上一）
厚　生　省　官房長、国立栄養研究所長
農　林　省　官房長、食糧研究所長
通商産業省　企業局長
労　働　省　官房労働統計調査部長
建　設　省　住宅局長
経済企画庁　審議官（高橋長太郎）
〈幹　事〉
総　理　府　統計局消費統計課長
大　蔵　省　官房調査課長、主計局総務課長
厚　生　省　官房企画室長
農　林　省　振興局生活改善課長
通商産業省　企業局企業調査課長
労　働　省　官房労働統計調査部労働経済課長
建　設　省　住宅局住宅総務課長

7．貿易部会 (五十音順)

〈部　会　長〉
高垣勝次郎　三菱商事社長
〈委　　員〉
阿部孝次郎　日本紡績協会委員長
倉田　主税　日立製作所社長
新関八州太郎　第一物産社長
古沢　潤一　日本輸出入銀行総裁
〈専門委員〉
赤松　要　一橋大学教授
東　弘　日本輸出農林水産物振興会専務理事
稲山　嘉寛　八幡製鉄常務取締役
加藤　寛一　日本輸出入銀行理事
川口　一郎　日本化学繊維協会理事長
喜多村　浩　東京都立大学教授
小島　清　一橋大学助教授
坂口　元三　東洋紡績経済研究所主査
佐々木　直　日本銀行理事
進藤　孝二　三井船舶専務取締役
谷林　正敏　日本貿易会専務理事
玉置　敬三　東京芝浦電気取締役
寺尾　一郎　三菱商事常務取締役
長村　貞一　海外貿易振興会専務理事
西村　純平　住友銀行専務取締役
丹羽　周夫　日本プラント協会会長
藤瀬　五郎　世界経済調査会調査部長
堀江　薫雄　東京銀行頭取
水上　達三　第一物産代表取締役
宮内　俊之　伊藤忠商事取締役
森　長英　丸紅飯田副社長
山本　登　慶応大学教授
吉田　清二　大日本蚕糸会会長
米田富士雄　日本船主協会理事長
鷲見　正　日本雑貨輸出組合専務理事
外　務　省　経済局長
大　蔵　省　為替局長
農　林　省　農林経済局長
通商産業省　官房長、通商局長
運　輸　省　海運局長
経済企画庁　審議官（油谷精夫）
〈幹　事〉
外　務　省　経済局調査官（河合俊三）
大　蔵　省　官房調査課長、主計局総務課長、為替局総務課長

付録4　委員・専門委員名簿

8. 財政金融部会 (五十音順)

〈部会長〉
川北　禎一　日本興業銀行頭取

〈委員〉
井上　敏夫　日本銀行副総裁
金井　滋直　興国人絹パルプ社長

〈臨時委員〉
原　安三郎　日本化薬社長
松隈　秀雄　専売公社総裁
三好　重夫　公営企業金融公庫理事長、地方制度調査会委員

〈専門委員〉
飯田　清三　日本証券投資協会会長
伊藤　博　農林漁業金融公庫理事
岩佐　凱実　富士銀行副頭取
岡松成太郎　日本商工会議所専務理事
荻田　保　地方財政審議会委員
河野　一之　日本住宅公団副総裁
河野　通一　日本開発銀行理事
伍堂　輝雄　日本鋼管取締役
坂口　芳久　中小企業金融公庫総裁
阪田　泰二　日本銀行理事
鈴木　武雄　武蔵大学教授
土屋　清　朝日新聞論説委員
東条　猛偦　日本輸出入銀行理事
東畑　四郎　農林水産業生産性向上会議理事長
日高　輝　日本興業銀行常務取締役
福良　俊之　東京新聞論説委員
藤田　武夫　立教大学教授

堀越　禎三　経済団体連合会事務局長
堀田　健男　大正生命保険専務取締役
山下　静一　経済同友会常任幹事
大　蔵　省　主計局長、主税局長、理財局長、銀行局長
厚　生　省　官房長
農　林　省　官房長、農林経済局長
通商産業省　官房長、企業局長
運　輸　省　官房長
郵　政　省　簡易保険局長、貯金局長
労　働　省　職業安定局長
建　設　省　官房長
自　治　庁　財政局長
経済企画庁　審議官（小林英二）
　　〃　　　　　　（太田源蔵）

〈幹事〉
大　蔵　省　官房調査課長、主計局総務課長、主税局税制第一課長
　　　　　　理財局資金課長
　　　　　　銀行局総務課長
厚　生　省　官房企画室長
農　林　省　官房企画室長
　　　　　　官房予算課長
　　　　　　農林経済局金融課長
通商産業省　官房企画室長
　　　　　　官房調査課長
　　　　　　企業局企業第一課長
　　　　　　企業局産業資金課長
運　輸　省　官房企画課長
郵　政　省　簡易保険局運用課長
　　　　　　貯金局企画課長
労　働　省　職業安定局失業対策部企画課長
建　設　省　官房参事官（竹内藤男）
自　治　庁　財政局財政課長

あとがき

　いま、なぜ、国民所得倍増計画なのか。そんな疑問を持って本書を手に取った人も多いかもしれない。なぜ、経済成長政策の原点に戻るのかという問いに対しては、ともかくも答申を読んで貰いたい、と答えておきたい。

　なぜなら、所得倍増という言葉を聞いたことのある人は多いが、その計画を読んだことがある人は少ないと思うからだ。私自身も、本書をまとめることになるまで、計画の基礎となった経済審議会答申を小委員会報告まで含めて詳細に読んだことはなかった。通商産業政策史などの編纂にもかかわったこともあるから、審議会答申には何度もふれてきたし、その書きぶりなどについてもそれなりの理解はあった。そして、答申の内容は、おおかたの場合にはプレスリリースされるような要約版を読めば見当違いの理解をすることはないだろうというのが、経験が教えてくれたことだった。だから、日本経済評論社の栗原社長から、国民所得倍増計画についての出版計画の話を聞いたときには、なにか不思議なことを頼まれたような、戸惑いのなかにいた。すくなくとも身を乗り出して企画案を聞いていた記憶はない。面倒なことを頼まれたけど、いろいろとあって断りにくいなというのが、正直な感覚だった。

　しかし、答申書を読み、さらにはその基礎となっている小委員会の報告書や、政策立案の過程にふれたさまざまな文献を読んでいくうちに、「経済成長」を考えること自体が新しい挑戦だった時代について、その歴史像の一端をこの計画を通して描くことが、戦後日本経済を考えていくうえで必要な作業ではないかと考えるようになった。本書を結ぶにあたって、そうした考えに至った理由について、

十分な根拠を見いだせないために本編では立ち入って書くことができなかった「物語」を含めて紹介しながら説明しておきたい。

　経済成長という観念が、この時代の少し前に誕生したばかりのものであったことを筆者は岩波新書『高度成長』などですでに指摘してきた。1950年代は、後進国日本が欧米並みの経済発展を望むことは夢のような話だった時代であった。このころ、日本経済について語られることがらの多くは、二重構造であったり、封建的・伝統的な仕組みの残存であり、それを近代化・合理化しなければならない、という性格のものであった。経済学的な捉え方にマルクス経済学、とくに戦前以来の講座派的な伝統が強い影響力を持ち、構造的な全体像の把握にもとづいて培われた捉え方が、こうした認識の基礎にあった。このような構造論に対して経済成長という考え方が誕生したことは経済発展のダイナミズムに目を向けさせる契機になったかもしれない。

　しかし、経済成長を目標に据える考え方も、そうした構造論的な把握と強い後進国意識のもとで、完全雇用という欧米並みの目標と、近代化合理化という課題の克服を同時達成するための方便のようなところがあった。そうした視点から見ると、経済自立５ヶ年計画以降の政府の経済計画は、歴代内閣にとってその独自性を示すための作文のようなもので、それ自体として経済発展に与えた効果は大きくはないと考えていた。「計画」という言葉が入る名称をもちながらも、それらが計画としての実質を備えていなかったことは常識となっていた。経済自立５ヶ年計画に基づく具体的な政策措置がなんであるのか、あるいは後継の岸信介内閣の新長期経済計画に基づく具体的な政策措置がなんであるのかは、ほとんど問われることはなかった。たとえば1950年代後半の産業政策としてよく知られている

機械工業振興臨時措置法や電子工業振興臨時措置法などが、これらの経済計画との関係で説明されることはほとんどなかった。そうした計画がなくとも、産業政策は後進国日本の近代化・合理化、産業構造の高度化という目標に向かうために必要と判断されていた。そして、本書が対象とする所得倍増計画も、せいぜいのところ、アナウンスメント効果を持ったに過ぎないと言われていた。

　客観的にはそのように機能したとする評価が正しいとしても、答申案の作成にかかわった人たちは、10年間で2倍、ないし2倍以上に経済規模を拡大するという与えられた課題を実現するために、それぞれの役割と責任を果たそうと試み、それらを膨大な報告書にまとめた。計画立案の中心となった経済企画庁は、経済審議庁から改組されて経済計画の立案を担うことになっていた、まだ新しい官庁であり、その若々しさは計画立案に強い思い入れを持っていたことが背景にあった。それは昨今の「成長戦略」のような十分な検討の裏付けのない、思いつきのような言葉の羅列ではなかった。

　計画立案にかかわった人々のスタンスはそれぞれであった。

　貿易の自由化を目前に控えた財界人たちが多く委員として答申の審議に加わっていた。彼らは、その理念からすれば経団連会長の石坂泰三に代表される自由主義経済の信奉者であった。原理的には、彼らは東西冷戦体制のもとで社会主義体制に対抗する自由主義陣営に位置するという意味で自由主義的であったと同時に、戦時期の経済統制の時代へと戻ることに警戒的で、政府からの自由も強調する自由主義者であった。経団連の意見書が「高度成長政策」という用語法で「計画」という表現を避けていることに、そうした財界人たちのスタンスが現れていた。計画立案を通して、彼らの肉声がどのように活かされたかは必ずしも判然としないが、自らが経営する企業の経営拡大を追求する上で制約となる社会資本の不足・不備を重

点的に解消することを主たる政策措置の目標に限定することによって、当時としては可能な限り裁量の余地のある経営の自由を手にすることができたように思われる。同時に彼らは審議を通して高い成長率水準が続くことが全くの夢物語ではないとの認識を持つようになり、倍増計画が推進されるなかでは、安易な設備投資の拡張に走っていると批判されるほどに積極的な企業行動に乗り出した。彼らはまた、多くの会社史が記録しているように経済計画の手法をまねて、経営５ヶ年計画などを作成して自ら経営の指針にするようになった。「手法」としての「期間計画」が企業経営にも取り入れられるなかで、企業経営にも強い成長志向が組み込まれていくことになった。

　そうした自由主義的な理念をもつ財界人たちは、もちろん必要に応じて政府が政策的な措置を講じてくれることを期待するという限りではまだ半人前の甘えん坊であったと言うべきかもしれない。しかし、それでも彼らの思考回路からみれば、倍増計画を内閣の基本方針として取り上げ、強気の経済成長政策を説く池田勇人総理大臣は、安保問題にかかわる政治過程の混乱によって国際的に信頼を失った日本の民主主義を再建し、信頼回復をはかるために最も望ましいリーダーであった。「貧乏人は麦を食え」「中小企業の一つや二つつぶれても」というたぐいの失言でしばしば厳しい批判にさらされた経験のある池田は、政治的な安定を果たすリーダーとして適任とは考えられていなかった。しかし、池田は、一方で成長路線を推進するとともに、他方ではそれまでの政治姿勢を改め、「寛容と忍耐」という言葉を表看板に低姿勢で政局運営にあたるという政治的な感覚の鋭さ、自らの政権運営にとって必要なものが何であるかをかぎ分ける優れた能力を持っていた。他方で、池田が日本経済の高い潜在的な成長力について確信を持って語るときに、その裏付けとされ

るものは曖昧で理解されにくいものであった。池田の言説を追う限り、彼の確信は政治家的な直感によっていたという方が適切なほどに、ていねいな経済的分析とはほど遠く説得力には乏しかった。本論でも紹介したように、批判者たちが指摘したさまざまな問題点に対する池田の主張の核心は、経済成長がそうした問題を順次解決していくことができるであろうという楽観的な見通しであり、素朴な自由主義経済への信頼であったように思われるほどである。

その池田の考え方に一定の理論的な根拠を与えた下村治は、当時の経済学者・エコノミストたちのなかでは、現実感覚に優れた経済分析家であり、それ故に孤高の人でもあった。多くの批判に遭遇しながらも、下村は当時の日本経済が歴史的な勃興期にあり、高成長が実現することを疑うことはなかった。そこには民間企業の創造的な能力に対する高い信頼感が息づいていた。ただし、その言葉をていねいに追っていけば、下村が経済成長の持続性とその成果が国民生活にどのような影響を与えるかについて、池田ほどには楽観的ではなかったことが明らかになる。成長の成果を国民のために如何に使うのかは、下村にとっては市場に委ねられる問題ではなく、政治的な決断によって望ましい未来像への接近を計ることが不断に望まれるものであった。その意味で後継内閣の無策は成長政策の成果を大きく毀損することになった。所得倍増計画立案から15年ほど後に下村がゼロ成長論者に転ずることは、その意味では示唆的なことであった。

強気の高成長論で計画立案の最終段階で主役となった池田と下村に対して、長期にわたる地道な審議を通して計画の肉付けを与えたのは、政策官庁から参画した官僚たちであり、そのとりまとめに当たった経済企画庁の大来佐武郎などの人々であった。経済政策の立案にあたってそれぞれ所管する業界との太いパイプを持ち、それ故

に良質な情報を持っていた官僚層は、所得倍増の過程で直面するであろう問題を数多く見出し、その解決の道筋を探し出すためにその創造的な能力を発揮した。自由貿易のもとでの開放経済体制への移行が日本経済の課題になっている時代に、彼らは自らの所管行政が大きな曲がり角にきており、場合によっては権限の縮小を迫られていることを実感していたはずであった。そのためもあって、彼らは問題を発見し、それを自ら所管に取り込んで解決していくことに熱心であったに違いない。時にそれらは、無益な権限争いに発展する危険をはらんでいたものもあったであろう。しかし、全体としてみれば、個々の政策課題に対する対応やその全体の整合性を確保するために大きな努力が払われたことに疑いを差し挟む余地はない。

　そうした審議を専門家として支えた経済学者たちは、ほかの誰よりも若い集団であった。求められた専門的な知見がマクロ的な経済成長メカニズムに関するものであり、それらを計量的に裏付けることであったことから、そうした分野の若手研究者たちが参画した。経済学の理論的基礎から言えば、まだ荒削りの学問を学んだにすぎなかったが、若い力は計画の整合性を図っていく上で十分な責任を果たしたようにみえる。与えられたいくつかの条件の下でモデルに基づいて将来像を予測することは、電子計算機が物珍しく実用性も乏しい時代に、タイガー計算機を廻しながらの時間のかかる計算作業を必要としたはずである。使える道具や経済学的なモデルは現在では想像することが難しいくらいの初歩的なものに過ぎなかったが、その限られた道具立てでも経済審議会の審議に貢献した。

　このように、日本経済の明日にむかう夢を描くことが参画者たちに広い視野で共有され、それぞれはその中で自分たちの役割を見出そうとしていた。そこには今では失われているのではないかと思われる政策立案過程の熱気を感じることができる。若手の経済学者た

ちだけでなく、官僚集団も敗戦後の日本経済の復興をめざして走り回ってきた若さが表出していたといってもよい。

　もちろん、本論で指摘したように、所得倍増計画に込めた池田首相の楽観的な自由主義を補正するように、倍増計画の閣議決定までに「別紙」を作成するために、各官庁の主要職員が議員会館をかけずり回ったのではないか、と想像できるような一幕もあった。そして、そうしたプロセスを経て決定された所得倍増計画は、立案に携わった人々の思惑を超えるようなかたちで、その後の政策措置のための正当性の根拠として利用され、その意義が変質していくことになった。その限りで政策立案に投入されたエネルギーの大きさに比べると、その後の具体的な政策措置の実施過程には反省すべき点も多いと言うべきかもしれない。だからこそ、政策立案過程それ自体と、その後の倍増計画の期間における高成長政策の展開とは、その関連を問うだけでなく、相互に独立に検討すべき研究課題となる。

　以上のような計画をめぐる人々の諸相は、それ自体として歴史的な検討を必要とするような多彩な物語に満ちている。この物語が、「男たちの物語」であることは、当時の日本社会の持つジェンダー・バイアスを反映しているという指摘も可能かもしれない。そのことも含めて実証的な根拠のない、推測に推測を重ねるような「解釈」しかここでは示されていないが、すでに歴史となっている所得倍増計画は、それ自体としてその立案から実施過程の全体について、歴史的な検討をまつ素材であり、時代の特徴や変化を明らかにすることができると考えられるものである。

　同時にこの素材は、同時代の経済成長にかかわる視点が、限界を伴うものであり、成長の追求のなかで置き去りにされたものが多かったことも物語っている。アジアで工業化が急速に進んでいる国々

の現状を知るにつれて、それらは経済成長の過程で不可避的に生じる問題群であったというべきかもしれない。公害問題はその典型的な例であったが、同時代の認識のレベルは、池田が主導したような楽天的な自由主義のもとで加害企業の責任の問題として捉えられるものに過ぎなかった。そうした捉え方にある程度の妥当性があったとしても、そうした問題群を国民生活への脅威として政策課題と認識するだけの政府の能力は培われてはいなかった。

　高成長政策の持つ危うさを批判的に指摘すべき革新勢力が、社会党をはじめとして成長率の高さを競うような論争に自発的に参画していたことは、その意味では不幸なことであった。同じ土俵にのることによって彼らは高成長政策の問題点を指摘し、軌道修正を図るべき役割、地位を失っていた。

　所得倍増計画が決定をみたとき、その目標とされた生活水準は、1960年当時の西欧先進国並みの水準に10年後に到達することであった。つまり、この計画が実現しても日本経済は依然として10年後れの状態であった。確かに設定された成長率は人々を驚かせるほどの高水準であった。しかし、その目標は日本経済の後進性を払拭できるほどの高さをもつものではなかった。だから、革新政党が政権を取れば、もっと高い水準の国民生活に誘導できると主張することは、政治的な選択肢としてはあり得たと言うべきかもしれない。しかし、その後の経過を省みれば、そうした革新政党のスタンスが国民の不満を十分に政治過程に吸い上げることができなかったこと、そこには労働組合組織を基盤とした政党活動の限界があったことは改めて指摘するまでもないだろう。

　こうして経済成長については疑うことのない「望ましさ」を認めるようなイデオロギーが支配的になった。「モーレツからビューティフルへ」といわれた時代があったとはいえ、成長に対する信仰は

厚く、経済的な諸問題を吹き飛ばす「神風」のように語られることもあるほどになっている。もちろん、成長過程で生ずる「市場の失敗」に対処する政府の役割の重要性は、今では誰でも理解できる。分配面での公正さの大切さも共有された認識になっている。それにもかかわらず、政策立案に際してその優先順位をつけるにあたって、それらの認識が軽視されるようになっている現実に直面すると、所得倍増計画が置き去りにしたものについて改めて想いを新たにする。経済成長という現象を「歴史」として捉えることによって、その呪縛から解放される必要がある。

　最後に、本書の刊行の機会を与えて下さった日本経済評論社栗原哲也社長に心から感謝したい。期待に応えられたとは思えないが、今できる範囲で力を尽くしたつもりである。戦後日本経済史研究の一助になるよう、批判的な意見が寄せられることを期待している。

【著者紹介】

武田 晴人(たけだ・はるひと)

1949年生まれ
東京大学大学院経済学研究科博士課程単位取得退学　経済学博士（東京大学）
東京大学社会科学研究所助手、東京大学経済学部助教授を経て、
現在、東京大学大学院経済学研究科教授
主要著書
『談合の経済学』集英社、1994年（集英社文庫、1999年）
『日本経済の事件簿』新曜社、1995年（新版　日本経済評論社、2009年）
『日本経済史』第1〜6巻、東京大学出版会、2000〜10年（石井寛治、原朗と共編著）
『転換期の起業家たち』講談社、2004年
『日本経済の戦後復興』有斐閣、2007年（編著）
『仕事と日本人』ちくま新書、2008年
『高度成長』岩波新書、2008年
『戦後復興期の企業行動』有斐閣、2008年（編著）
『日本の政策金融』第Ⅰ、Ⅱ巻、東京大学出版会、2009年（編著）
『高度成長期の日本経済』有斐閣、2011年（編著）
『岩崎弥太郎』ミネルヴァ書房、2011年

〈同時代史叢書〉

「国民所得倍増計画」を読み解く

2014年5月25日　第1刷発行	定価（本体3500円＋税）

著者　武　田　晴　人
発行者　栗　原　哲　也

発行所　株式会社　日本経済評論社
〒101-0051　東京都千代田区神田神保町3-2
電話 03-3230-1661　FAX 03-3265-2993
URL: http://www.nikkeihyo.co.jp
装幀＊渡辺美知子　　印刷＊藤原印刷・製本＊高地製本所

乱丁落丁はお取替えいたします。　　Printed in Japan
© TAKEDA Haruhito 2014　　ISBN978-4-8188-2340-2

・本書の複製権・翻訳権・上映権・譲渡権・公衆送信権（送信可能化権を含む）は、㈱日本経済評論社が保有します。
・**JCOPY**〈㈳出版者著作権管理機構　委託出版物〉
本書の無断複写は著作権法上での例外を除き禁じられています。複写される場合は、そのつど事前に、㈳出版者著作権管理機構（電話03-3513-6969、FAX03-3513-6979、e-mail: info@jcopy.or.jp）の許諾を得てください。

同時代史叢書刊行のことば

世界にはそれぞれの特徴をもつ地域があり、そして多様な生の営みが行われてきた。グローバリゼーションという妖怪があまねく世界を覆い尽くし、個の生活のすみずみにまで浸透しつつある現代において、われわれは何を拠り所として生きていけばいいのだろうか。

個の尊厳を踏みにじり、歴史の教訓を反故にするかのような理不尽な言動が大手を振ってまかり通る。今日、われわれは何を頼りに生きていけばいいのだろうか。

歴史を学ぶことは過去を評価することであった。いっぽう、過去を振り返ることにより二度と同じあやまちを繰り返さないためでもあった。ひとは歴史とともに生きてきたのである。ところがひとが支えあった時代は過去のものとなった。いまや自己責任の名のもと弱者はさらに弱者へと追いやられている。歴史は果たして役に立つのか。そもそも歴史は何を頼りとしてきたのか。

歴史は研究者やインテリだけのものではない。歴史はいま生きているひと、これから生を享けるすべてのひとにとって何よりも重要な宝である。ひとはひとりでは生きられない。かといってもたれあって生きても何ものをも生みださない。確固たる個を獲得するにはどうすればよいか。

宇宙において地球はどのようなものだろうか。未来から今世紀はどのように見えるだろうか。あのときの選択があやまっていたからこうなってしまったと後悔しないためにも、虐げられているひとがこの世からいなくなるまで、そしてあらゆる差別が根絶されるまで闘うこと、その幻想にも似た闘かいが現代に生きる者のささやかな存在証明となろう。

神を信ずるものも信じないものも、たとえ最後のひとりとなってもこの闘いは避けられない。ともに語り合おう。同時代史叢書は問いつづけてゆく。歴史を学ぶことは今を問うことだ。

二〇一三年八月一五日

日本経済評論社